新游牧者之歌

The New Nomads

How the Migration Revolution is Making the World a Better Place

遷移革命如何
讓世界變得更美好

Felix Marquardt
菲利克斯・馬夸特 著

張毓如 譯

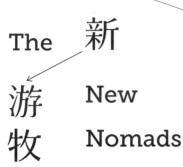

誠摯推薦

我們曾經做過基因檢測，分析祖源結構。檢測的報告顯示，蜜拉有來自於南歐的祖先，而士愷竟然有中東的祖先。報告的背後，粗略描繪出我們祖先的遷移路徑。不論他們出於什麼原因遷移，是為了改善經濟，抑或是趨吉避凶，這都在在提醒我們，早在古早的年代，遷移就是普遍而自然的事情。在現今的國際社會，移民常常被貼上各種負面的標籤。藉由此書，我們可以退一步思考，從各面向重新探討遷移現象，進而更了解我們所處的現代世界。

——波蘭女孩×台灣男孩／蜜拉士愷

米蘭昆德拉多年前寫下「不幸的人才會渴望離開故鄉舊土」，這在今日可能只能說明移動人口的部分狀態，除了不幸之外，移動人口帶著的是更多對未來世界與人生的希望。現在不和轉動的地球一起移動的人口愈來愈少，這也說明了移動遷徙仍是各地文化創造與融合世界的源頭，對追求幸福者散發無限吸引力。我們可以做的正是透過書寫各種遷徙者的美麗故事，並努力讓每個國家成為讓人樂意過境之地。《新游牧者之歌》正是這樣的一本好書，我誠摯的推薦各位來閱讀它。

——東吳大學社會學系教授兼人權學程主任／周怡君

推薦序一

越過那些理所當然的本位與直覺

阿潑

學者愛德華．薩伊德曾如此描述自己，「我早年是令人不舒服的異常學生：一個巴勒斯坦人，在埃及上學，有英文名字、美國護照和一點也不確定的身分。」薩伊德身分的複雜和「離散」的關係，讓他在九一一事件發生後，成為最具象徵性的倡議者。

九一一事件發生於跨進二十一世紀之際，網路推動的無國界浪潮席捲世界之時，然而，這起事件激發的「文明衝突論」，乃至於伴隨敵我意識而來的意見喧囂，讓我感覺國族之間的紅線清晰無比。《拉合爾茶館的陌生人》是我很常用來描述九一一事件影響的小說：主角是出身巴基斯坦、躋身華爾街上流社會的知識菁英，曾是美國夢的代表，也證明美國對於各國人才、各種出身的強大吸納能力；但在九一一事件後，這些「外人」一夕之間被打成恐怖分子，迅速成為不受歡迎，必須立刻排除的「他者」。

這個在世紀初出現的國族與排他主義，在二十年後的今天，仍伴隨川普當選衍生的議題、英國脫歐的各種討論，輪廓清晰的存在著——COVID-19 而生的隔離與國界關卡亦可成為論證。對於移民、移工、難民的爭論，在這個環境下，更顯得立場分明，無法對話。

面對這樣的時代背景，菲利克斯・馬夸特所著的《新游牧者之歌》出版的正是時候。作者透過自己的多國族混合的身分，及其從父祖輩遷移的經歷伴隨著自身移居不斷，而開展出一個「新游牧」的書寫概念。

「我開始感覺到，遷移培養了一種本質上是美德的變通能力和折衷主義。正是因為我的父母是移民，所以，所有和他們有關的世界，都融入我們家。」馬夸特寫道：「我是不同地方和種族的混合體，不僅透過興趣和職涯，並且透過第一手經驗，成為遷移方面的專家。我既不在到處，也不在某處，不單擁有一種身分，我兩者兼具，但遠不止於如此。」

當然，若你要說他主要是歐洲白人的混血，成長環境本就浸淫在主流西方文化的，自然主張「遷移」的好處，但馬夸特的經歷僅是引子，為的是帶出各色移民／難民的案例故事，並藉此引領讀者思考、辯證當代遷移的現象與議論。

例如，人們可能會以為川普支持者是保守與排他的，事實上或許真的如此，但馬夸特在導言中提到一個來自非洲馬利的男子的故事，他因為自身發展出來的適應與工作能力，在寒冷、保守、支持川普的蒙大拿社區，成為眾人喜愛的伙伴，即使對於川普的意見不同，都不妨礙他們的深厚交情，以及牧場的經營。馬夸特試圖表示，若是貶抑川普支持者，某種程度也是一種「他者化」的行為。

如上揭例子，馬夸特在書寫中，憑藉各種人物經歷與論述，刺激我們思考。畢竟，習慣單一認知與框架的我們，也會盲從於一種單向敘事。以我為例，過往我會傾向認定「移工」本是弱勢，但有時候我會隱隱感覺不對勁，而當我在菲律賓聽到當地人對於「移工」身分的高度自主性描述時，才驚覺自己的盲點，從而有了反省與檢視的機會。閱讀《新游牧者之歌》，對我而言，也有類似的感受，透過作者提供的辯證空間，我們得以推翻自己那些理所當然的本位或直覺。

「無論是為了保命而逃離，或只是尋求比原籍國更好的生活，他們都在努力讓自己變得更好。人們總是不忘強調『難民』或『移民』。但對我來說，人就是人。」書中的某個旅行者便說自己在移動到世界各地的移民和難民身上看到了與旅行探險一樣的精神。

「遷移的最大動力是發現。去發現目光可及之外的事物，並挖掘旅行者的內心深處。」作者自己的說法也是這樣：「我們是旅行的物種，從非洲的一小塊土地出發，直到遍布全球。我們的生存能力取決於快速學習的能力，而現在就像那時一樣，沒有什麼比遷移能夠讓你學得更快。」

若擅自歸納作者的主張，我會這樣說：「逐水草而居」的游牧生活本就是人類歷史不可分割的一部分。而《新游牧者之歌》提醒我們的，或許是：若忙著替移民／難民貼標籤，卻未意識到自己對這個議題出自何方，甚至進一步進行反思，或許，那條區別你我的紅線，就會始終在這個宣稱「無國界」的數位全球化時代狂肆張揚。

推薦序二

逆風而行的勇氣

部落客遠行的理由版主

有時候離開，是為了再回來。

十一年前我選擇辭去安逸的華航空姐工作環境，離開自己原生的舒適臺灣，去到了全然陌生的上海工作生活。

那次的離鄉，並不是人生第一次。

十九歲時的我，也曾搭上西北航空的飛機飛過太平洋抵達美國中部明尼蘇達州的雙子城求學。

還記得抵達的第一天我就在日曆畫下倒數回家的日子，我的離去是為了歸來，當時的我深信不移。

卻在美國的一年裡，第一次有機會強烈意識到自己身為亞洲人的身分，中國人還是臺灣人的認同衝突。

你必須飛越一個大洋把自己扔進一群白種人之間才能看見自己的習以為常是一種與眾不同，而這與眾不同之中還帶著歧視、刻板印象與冒險精神和認同困惑。

在融雪春天到來，我準備收拾行囊返回亞洲，在不經意之間，我對自己的身分認同逐漸萌芽。

一種啟蒙，像是一把鑰匙，只能在異鄉的夜晚獨自一人孤獨時才得以開啟那扇心門，打開後發現一望無際全新的世界。

於是到第二次我再度決定啟程，這一次我只有一張單程機票，自己都不確定離去還是不是因為要回來。

在閱讀《新游牧者之歌》的時候，在好多片段都看見了自己與書中人物的相同心情，明明是完全不同國籍甚至不同種族的人，但一旦成為游牧族，心情總是相仿的。

故事裡面有中東裔的法國人在廣州才透過中國人的嘴聽到自己被稱為典型的法國人而感到欣慰與詫異。這文章片段與我多年前在美國的時空有著似曾相識感。

還有日本女孩夏野對非洲的興趣，於是一心一意地想讓自己去到那裡，這與我後來到上海進入一個沒有臺灣人甚至在中國也是初興起的公務機產業如出一轍。

逆風而行，當你前往無人理解之境，前方沒有指引的前輩，後方也沒有跟隨者，走著走著常常懷疑自己，卻又因為一頭熱情無法就此停下。

游牧者都是勇敢的，且有時因為資源有限，所以充滿冒險犯難精神。

一如我第二次的離開，是因為感覺自己在職場已經遇到瓶頸，而當時的臺灣政府對於勞工政策還有就業市場所推出的舉措，22K起薪的政策剛好推了我一把。

於是當我讀到，作者在法國鼓勵法國年輕人離開法國，前往其他對青年人就業友善且提供公平競爭的國家去時，我想起這段往事。

我不是出身富裕外派中產階級的第三文化小孩，更精確地說，當初我的離開更像是「就業難民」，而這個就業難民的機會也意外又幸運地開啟了完全不同的人生路。

現在的我，居住在正在衰敗但還是國際大都會的香港，每天主要用英文與人交談，和香港人、法國人、美國人一起工作，下了班跟瑞士人、英國人還有日本人約會。

對於世界上大部分的國家、歷史都了解一點，但這跟我過往受的教育沒有絕對關係，更多是後來出差、還有自己親身與那些國家的人接觸後，對他們的認識。

雖然疫情讓全球化稍微放慢，但我仍舊看見全球化是不可避免的未來。

《新游牧者之歌》這本書的內容只是揭露了它的開端，但也提供很多思考的面向，像是：離開了，是否還需要再回來？

目次

Content

奧斯卡、春樹、佐賀——
永遠不要忘記你們是個團隊。

獻給奧蘿蕾，我的指南針。

導言

一八六四年春天美國南北戰爭期間，正當北方為了維護聯邦的完整，即將展開最後一次絕望但最終成功的嘗試時，一位名為亨利・席本（Henry Sieben）的德國移民藉著徒步及四輪馬車從伊利諾州來到蒙大拿州最深處。他一開始從事貨運，之後轉做牛羊買賣，後來定居下來，建立了兩座牧場。當他的兩個女兒繼承牧場時，蒙大拿州成為聯邦的第四十一個州。

隨後的三代人保留了這兩座牧場，並藉由收購或租賃加以擴充。席本畜牧公司（Sieben Live Stock Company）在長期作為牧羊場之後，現在則是牧牛場。經營者為亨利・席本的曾曾外孫庫珀・希巴德（Cooper Hibbard）。這位思慮周密、充滿個人魅力又真誠的三十多歲男士，曾在科羅拉多州和墨西哥州、阿根廷潘帕斯的牧場和澳洲昆士蘭的牧牛場學習牧場貿易。他的妻子艾希莉・韋特海默（Ashley Wertheimer）則是皇后區猶太人和北卡羅來納州人的女兒，擁有德國、英國和愛爾蘭血統。

二〇一六年十二月二十日，距亨利・席本創立牧場一百五十多年，另一位移民來到了蒙大拿州的深處。阿布杜拉曼（阿布迪）・迪亞巴特（Abdramane 'Abdi' Diabate）在非洲馬利共和國（Mali）南部一個古老的殖民駐軍前哨基地卡蒂（Kati）長大。他搭乘的飛機從舊金山起飛，降落在蒙大拿州南部的博茲曼。他的大學朋友艾薩克・史塔夫史特羅姆（Isaac Stafstrom）在那裡迎接他，艾薩克出生於美國威斯康辛州，擁有瑞典和中國血統。這兩人一起向北前往席本牧場，艾薩克陸陸續續在庫珀的牧場打工過好幾次。艾薩克告訴庫珀，他邀請朋友來蒙大拿過聖誕假期，並詢問他們是否可以提供幾個星期的住宿，於是庫珀和艾希莉邀請兩人。

阿布杜拉曼在八歲之前唯一接受的教育是每天與父親馬馬杜（Mamadou）一起跋涉九公里。從阿布杜拉曼三歲起，他就和父親一起徒步往返他們家和森林裡的家庭農場之間，雨季時種植小米、高粱和花生，旱季時種植蔬菜。儘管出身貧窮，但他現在正在史丹佛大學學習經濟學。

沒過多久，阿布杜拉曼就意識到，從他位於一千英里外的北加州校園到蒙大拿州牧場的旅程，在某些方面與他來到美國時所經歷的相似。史丹佛大學和席本畜牧公司對彼此來說幾乎就像馬利對美國一樣陌生。

一夜好眠後，阿布杜拉曼和艾薩克與其他牧場員工聚集在一起，參加由牧場技師亞倫（Aaron）主持的廠房眾多晨間簡報的第一場會議。當他們抵達時，迎接他們的是美國家庭電台的聲音，亞倫選擇播放這家新聞和評論廣播電台。這將是阿布杜拉曼在蒙大拿州停留期間每天的例行公事。川普的總統任期即將開始，美國家庭電台的主播欣喜若狂，亞倫也是。

亞倫是忠實的保守派和定期上教堂的顧家男人。他和妻子在家教育三個孩子，直到他們信奉的路德教會特別批准的學校提供孩子就學名額。聽最喜歡的煽動性脫口秀主持人的節目肯定激動不已的亞倫，卻也是說話輕柔、和藹、溫柔的人，願意聆聽他人，致力於幫助每位席本牧場員工盡忠職守。

阿布杜拉曼在席本牧場停留期間互動最多的另一個人是傑夫．希利（Jeff Seely），他負責管理「暴徒」（牧場的一千五百頭成年牛）。傑夫是從阿富汗退役的老兵，和亞倫一樣，是川普總統的支持者。根據阿布杜拉曼的說法，這位退休的海軍陸戰隊員是可愛、快活的人，容易臨時起意：「傑夫喜歡開懷大笑，偶爾也喜歡捉弄人。他顯然喜歡逗我，但他絕不刻薄。一旦我掌握了他的幽默感，我們就會很開心的互相捉弄。」

阿布杜拉曼是穆斯林黑人，他的名字在阿拉伯語中的意思是「仁慈的僕人」。他是來自非洲內陸國家（馬利）的移民，部分領土遭到伊斯蘭基本教義派占領，而伊斯蘭基本教義派不太可能在支持川普的蒙大拿州中出現，也不受歡迎——至少就理論上來說。馬利曾經是龐大的帝國，但現在位於世界上最貧窮國家之列，自二〇一二年以來一直處於曠日持久的衝突。現今對外的出口量並不多——當然，有零碎的走私黃金；牧場主人，可沒那麼多。

當阿布杜拉曼在第一天早上出現時，亞倫和傑夫認為他應該派不上什麼用處，儘管他們的老闆庫珀為他擔保。他們的懷疑並非來自對移民的偏見，而是他所受的教育——眼前這位可是來自加州的時髦大學生。在任何季節，牧牛都不像公園裡散步。十二月的氣溫驟降至攝氏負三十度以下，不適合膽小的人。如果讓他在嚴寒中待在戶外，或許最多只撐得了三天。

一開始發生了一些不幸事故，有些甚至有些滑稽。在此之前，阿布杜拉曼從未經歷過這種嚴寒，但他在出發之前，即使裝備不足，都堅持不向別人借用，只把自己的靴子綁得更緊。他甚至拒絕了將暖暖包放入鞋內以防止雙腳失溫的提議。因為這麼固執，他的手腳經常凍到發麻。這位退役的海軍陸戰隊員最初很擔心阿布杜拉曼，但很快就了解他，轉而經常開他玩笑說：「我會沒事的，我會沒事的，反正感覺不到靴子。」甚至當阿布杜拉曼在處理作為臨時電動圍欄設備的聚合物，試圖用牙齒撕開電線而觸電受傷時，玩笑都仍繼續著。

之後，在接下來的三個星期裡，阿布迪——席本牧場裡每個人都改這麼稱呼阿布杜拉曼——變得非常喜歡他的工作。他不僅熟悉亞倫的工廠裡所有基本的木工工具，也了解用於柵欄的各種物品，包括絕緣膠帶、絕緣體和門把手、電池、柵欄柱、杵和連接器。他知道如何將乾草拖車鎖在拖拉機上、如何檢查液體，最重要的是——如何駕駛它。他的精力和不知疲倦是牧場上最有價值的特質，而這兩種特質也讓他受到了眾人的喜愛。這絕非坐在一起閒聊就能達成。

阿布杜拉曼的旅程始於三歲，他的父親馬馬杜開始每天帶他去工作。「首先，我們要穿過卡蒂村和鐵路線，然後會進入一片荒野，再步行一個小時。」他們經過由人口只有兩位數的自給自足農民所組成的小村莊，然後到達在樹林中間的自家小農場。

起初，馬馬杜大部分時間都背著阿布迪，但沒多久他們就並肩一起走。「這些步行讓我初次體驗外面的世界。父親告訴我他在法國軍隊擔任下士時的生活；他去過哪裡、經歷了什麼，希望我有什麼樣的未來。」在路上，阿布迪的父親教他認識植物的名稱及其藥用價值。他了解哪些植物可以治癒瘧疾、哪些植物可以止咳、哪些植物有毒。馬馬杜還教他該種什麼種子、什麼時候除草、如何移植以及什麼時候採收。「我過去常常在去農場的路上採摘很多植物，一到那裡就種下。其中最多的是芒果，現在我們的農場裡長滿了我小時候種的芒果樹。」他的父親教他如何生火並利用周圍的各種糧食作物做飯。「他教我如何看雲，判斷何時會下雨，以及暴風雨可能有多嚴重。」阿布迪還認識了各種蛇的名字，以及如果被蛇咬了該怎麼辦。該地區充斥著毒蛇和足以殺死母牛的蟒蛇。有一次，他的父親在午睡時頭部被咬傷，險些喪命。

很難想像一個小男孩每天長途跋涉十八公里會是怎樣的艱難旅程。顯然，馬馬杜決定帶兒子一起去，不僅僅是為了照顧孩子和減輕阿布迪媽媽努薇澤瑪（Nouweizema）的負擔，也是為了鍛鍊和學習。阿布迪直到八歲才上學，但與父親的這些旅程讓他在世界上如魚得水。十五年後，阿布迪比他生長的卡蒂村裡的任何人都更了解經濟和美國。但與美國牧場主人一樣，他也了解農村生活，從收成和天氣模式到努力工作及決心的重要性。小時候和父親一起步行的經歷融入了成年後的遷移經歷──他利用所有資源來適應新的環境。

一位有天賦的騎士，總是樂於助人，而且臉上總是掛著微笑──即使受凍傷所苦──他努力鑽研，找到方法與每個人相處。這可能是他贏得傑夫和亞倫尊重的最大原因。

眾所周知，蒙大拿州等地普遍存在著種族主義和仇外心理，因此你可能預期阿布迪會感到害怕。但他沒有。阿布迪在蒙大拿州的第一個早晨和接下來的幾週都沒有受到影響，因為他在生活中早已目睹了夠多的種族主義；連在非洲，不同種族和民族的黑人之間也有。他知道這不是美國人或蒙大拿州所獨有──這種想法可能出乎他大學校園裡許多人的認知之外。至關重要的是，他還知道仇外心理主要是恐懼陌生事物的一種症狀。我們可以討論對遷移的恐懼，不管在經濟上或政治上，背後的焦慮是否合理，但無論哪種方式，阿布迪都可以看出恐懼真實存在。他還相信，這不會使感受到恐懼的人變成壞人。阿布迪的旅程之所以有趣，在於他敏銳地意識到，雖然蒙大拿人肯定比他在加州校園裡的同學更保守，但他們並不像他在家鄉認識的許多人那麼保守——古老的傳統，最重要的是，極端貧困使馬利難以成為進步社會。

進展雖然緩慢，但肯定的是，傑夫、亞倫和阿布杜拉曼相處融洽，最終並開始談論人們不願多談的議題，包括川普、種族主義、伊斯蘭教、移民、屎坑（shitholes）[1]。他們對於一些議題的意見不同——主要是總統的優點，但是在其他議題上有共同看法，包括對家庭和地方的愛、尊重長輩、信仰上帝的重要、謙遜和努力工作。「相互尊重」開展了彼此的感情和友誼。蒙大拿州的植物、動物和人們在阿布迪逗留的季節裡有了完全的轉變。當我發信詢問傑夫是否可以談談阿布杜拉曼時，幾分鐘後就得到了答覆：「當然可以。我想念阿布迪。」

遷移經常受到糟糕的指控。我們每天都看到類似以下的新聞：法國、英國和美國等國家農村地區的白種工人階級反對移民。以此推論，你可能會認為阿布迪這樣的人會讓像傑夫這樣的人感到不安。但兩人找到了共同點，並成為朋友。阿布迪為傑夫的圈子注入新意。他從原生家庭中學到的知識在他後來所處的環境派上用場。他的存在不僅在經濟上、也在文化上造成影響。他豐富了與他相遇的人的生活，而他自己的生活也因此變得豐富。

遷移已成為西方世界乃至其他世界的熱門話題。對移民的恐懼和詆毀影響了英國脫歐危機、川普當選以及世界各地民粹主義者和民族主義者的崛起。「移民」一詞往往讓人聯想到「一大群」難民逃離他們的出生國，以逃避幫派、戰爭、飢荒或貧困，並前來入侵「我們的國家」。

我們想到萊斯沃斯島（Lesbos）上的敘利亞人和阿富汗人，想到地中海沉沒船隻上的非洲人；也想到了中美洲的大篷車前往美國南部邊境，以及法國加萊叢林（Jungle in Calais）的難民。換句話說，提到移民時，我們會想到不受歡迎的遷移，並以負面的詞語看待。有些人想到「問題、異常、危機」，也有些人想到「詛咒、磨難、羞愧、可憐的東西」。

我們錯得離譜。

遷移絕非反常現象，或是只能在脅迫下進行的活動，它是人類經驗中不可或缺的一環。我們並非只為了逃避危機而遷移，也出於各種其他原因。遷移、探索、旅行的衝動深植人心，來自遠古、必不可少，也出於人類本能。如果我們沒有遷移的本能，所有人類將仍在非洲居住，甚至可能已經滅絕。大約一百九十萬年前，這種本能導致直立人和其他早期的人類相繼離開非洲。從西元前七萬年起，我們擁有更大大腦的更近親祖先也遵循了類似的路徑，並居住於除南極洲之外的每個大陸。即使不考慮如此久遠的祖先，解剖學上認定的現代人類，在地球上有百分之九十八的時間都屬於緩慢遷移的小群狩獵和採集的游牧民族。遷移和移動一直是常態，而不是例外。在出生的村莊、城鎮或城市度過一生，才是相對較新近的異常發展。

地球上絕大多數的遷移都是在人們未留意的情況下發生。當然，由於阿富汗、伊拉克和敘利亞的戰爭以及中美洲乾旱引發的混亂和幫派暴力等重大事件，移民潮的速度和規模會激增。但總的來說，只關注這些危機是一種誤導。與散布恐懼的政治人物和權威人士所描述的殘酷且大規模的遷移不同，遷移原本是人類與生俱來的衝動，絕對是緩慢、平穩且完全連續的現象，更像是注入，而非侵入。[2]

除了因為我們不了解遷移，過分關注遷移的其中一面也讓我們對另一面視而不見——遷移也包括遷出。只看一面而不看另一面就像看呼吸的動作卻不管呼氣。這也讓我們無視遷移革命正在進行的事實，而一味傾向於將遷移視為較貧窮國家的人們移居到較富裕國家的過程。

在過去的幾十年裡，即使在由新冠肺炎開啟的新時代，來自世界各地的人們都在向四面八方移動；從北到南、從西到東，當然也有從南到南，甚至還有從村莊到城市的「國內」遷移（符合聯合國對遷移定義的人之中有三分之一是從未出國的中國人）。對於移民來說，即使是國內的遷移，都可能讓人感到混亂，也可能令人興奮及解放，彷彿跨洲移居一般。而且許多移民不會永遠住在同一個地方，也可能搬走，之後又搬回來。無論如何，依據移民來自富國還是窮國、年輕還是年老、被迫還是自願，用來描述這些旅程的語言會讓我們看不到移民的人性，也看不到我們與對方的共同點。

本書並非試圖將遷移或移民理想化。遷移並不能治癒我們所有的病痛，如果過程有如連根拔起，還會留下很深的疤痕。一些移民甚至感到迷失、憤怒或破碎，無法將自己和周圍的人連結。但讓我們面對現實，對於愈來愈多不遷移的人來說，情況也是如此。他們感覺跟不上全球化的腳步，也可以理解為何他們到頭來對遷移抱持最多保留意見。

我們傾向於認為關於全球化的爭論是新近才出現，因為六十年前才出現這個詞語，但它實際上討論的可能就是人類其中一個最古老的分裂：發生在殺害兄弟的定居農民該隱和他所殺害的游牧牧民亞伯之間；也發生在強迫他人留在原地耕種土地的人和想要繼續打獵和採集的人之間。以這種方式構建這個詞語，讓我們有機會緩和遷移辯論中所承載的道德指責。透過觀察我們心中的定居和游牧本能，我們可以超越對行為的簡單道德解釋，並開始冷靜審視其根本原因。

同時，如果遷移是我們一直在做的事情，也許可以像對待老去一樣對待它？我們當然不必享受這種現象的所有面向（一些人似乎比其他人更能冷靜看待），但可以同意這是生活中的自然現象。雖然有缺點，但也有好處。與生命一樣，遷移所帶來的一些最珍貴的禮物只能隨著時間的推移而到來。

所以在本書我試圖嘗試從不同的角度看待遷移：透過遷移的視角，有意識地關注正向的經驗，探索遷移是否有潛力成為二十一世紀教育、賦權、啟蒙和解放的方式。我將重點關注在全球估計有兩億七千兩百萬的跨國移民人口，[3]並聚焦在一些個人故事上。或許，經由拼湊這些故事，我們可以開始講述一個關於遷移、人口流動和游牧的更大故事。

前述的阿布杜拉曼是新游牧族中的一員（被恰當地描述為出色[4]），他們幾個世紀以來在全球進行了出人意表且難以置信的冒險。我們將看到的是，他們離開並不是因為出色，而是因為離開而變得出色。在這本書中，我們將遇到這些令人印象深刻的新游牧者的生命故事，他們透過踏上邂逅他人和發現自我的旅程，在每一次旅程中逐步轉變生命和世界。他們的故事讓我認為，移民和游牧族群遠非別人所說的問題、肇事者或受害者，而是編織出既有本土性、又有全球意識的新倫理的代言人。

事實上，他們的故事讓我們知道，遷移也是為了找到一個家。在一個地方安頓下來[5]是同一過程的基本部分。那些在大局中從不迷失的人最終生活在一個與環境、文化和人類現實脫節的泡泡中——我採訪過一位不斷飛到世界各地的富有資本家，在我問他認為哪裡是「家」的時候感到惱怒，因為他認為這個問題完全沒有意義，甚至不得體。

先離開然後安頓下來，可以讓我們了解自己游牧和定居的本能，並進而察覺，游牧和定居之間的鴻溝其實是幻覺。離開使我們能夠看得更廣，有所成長，並得以用更關鍵的角度來看待自己、看待更廣泛的人類軌跡和現代社會。但是永不安定下來，對人、動物、植物和構成地方文化的所有細節，就只能停留在膚淺的理解，永遠無法成為當地的專家。「成為一個地方的當地人」[6]是生命中重要的禮物之一，也是成為得體祖先的重要組成部分。

今天，在世界各地，對移民和遷移的敵意似乎在增加。我曾提及，阿布杜拉曼的出身背景可能會讓他在蒙大拿州和中西部許多地區不受歡迎。我應該補充一點，身為驕傲、攜帶步槍、對移民持懷疑態度的川普支持者，傑夫和亞倫正是那種和我有類似文化背景的時髦、愛喝咖啡的美國人容易討厭的對象。那些理所當然痛恨對移民加以誹謗者的自由主義人士最終往往也會誹謗別人，他們認為自己知道對方的觀點，但不同意也不理解，並認為會對自己的觀點構成威脅。

在世界各地，類似的缺乏自我察覺蒙蔽了自由主義者，讓他們看不清一個事實，即他們對遷移的立場僅僅反映出他們所持有的特權造成的結果，而非證明他們擁有更高的道德。與其像佩戴榮譽徽章一樣標榜，不如先表達出感謝自己擁有特權。請記住，在這個政治極化的時代，真正的勇氣在於能夠真正與不同立場的人互動，正如傑夫、亞倫和阿布迪在蒙大拿州所表現的那樣。

事實上，傑夫和亞倫以及美國、英國和歐洲的其他小鎮或農村保守派經常覺得，移民及其下一代不屬於他們的群體，會有這個感覺部分原因是他們覺得自己屬於「外」團體，受到大都市及其國際化價值觀疏遠及蔑視。許多像我這樣對移民抱有正面態度的自由主義者並不了解，我們對那些我們認為心態封閉的人所抱持的居高臨下態度也是封閉的心態。

這些態度助長了極右派。對外國人和外國的心態抱持開放和興趣，如果不能也對生活在同社區的人抱持開放和興趣的心態，根本沒有資格認為自己道德高尚。如果倫敦的一位熱血沸騰的自由主義者對來自印度等國的新移民所穿的衣服著迷，卻一點也不關心約克郡（位於英格蘭東北部）的羊毛製造業者倒閉的新聞，我們就能理解，約克郡人會用手上的選票表達對倫敦人的自由價值觀有多蔑視。我也認為，許多自由主義者對移民表達出「哦，看看他們漂亮的衣服」的這種態度，雖然可能善解人意，但同時也帶有優越感。他們為人貼標籤，將人歸類，不以個人而以群體來理解對方，並且認為那樣的群體和「我們」不同，而這種形式被稱為「他者化」（Othering）。

什麼是他者化？這個詞起源於十九世紀的哲學，許多思想家用來間接定義自我的限制在哪裡。我是誰？我是什麼？一種回答方式是，「嗯，我不是他、她或那個。」在二〇一〇年代中期，他者化成為一種速記，用來描述各種形式的邊緣化、將少數族群視為一種子群體或與大多數人不同而排除在外（例如：仇外心理、部落主義、種族主義、本土主義、伊斯蘭恐懼症、反猶太主義）。[7]

推動這本書完成的其中一個原因是我了解到，溫和的保守派、自由派、身分政治的所有參與者，甚至氣候活動家都和他們指責的那些人一樣容易他者化（事實上，正如我們將看到的，我們都是如此）。在二〇一七年夏洛茨維爾的白人至上主義示威活動所聽到的「猶太人不會取代我們！」口號顯然是這種情況中一種特別惡毒的形式，但其過程可以透過許多不同、更微妙的方式發生。留歐派指責（通常是正確的）投票給脫歐的選民他者化來自歐盟的移民。但相對地，留歐派往往容易有他者化脫歐派的傾向。將川普的支持者簡化為一頂帽子〔紅色的棒球帽，上面寫著「讓美國再次偉大」的縮寫MAGA（Make America Great Again）〕、一個地點（農村、中西部）和一個種族（白人），是一種在全球自由主義者中普遍存在的他者化形式。

他者化是極大多數定居者文明的特徵：這是我們在一個整體的不同部分之間製造和維持人為分離的過程；在這個過程中，我們為這些部分貼上標籤，以努力識別和區分我們自己與他人、我們與他們、這個人與那個人、人類與其他動物和自然。他者化在我們身為一個物種的旅程中發揮了重要作用。如果沒有這種定義和維持群體的能力，我們就發展不出農場、城市、民族國家、跨國公司。自我實現、科學革命甚至現代性都以他者化為前提，但它已經達到目的，如今卻成為問題；是時候放下這個想法。

該怎麼做呢？

新冠肺炎大流行使世界陷入停頓，卻也提供了機會，可以暫停並評估當前的複雜情況以及各種現象之間的因果關係——特別是經濟成長、能源消耗、社會流動／不流動、平等／不平等、環境惡化、宗教極端主義、民族主義和民粹主義的興起。也讓我們有機會了解，相對少數流動人口的繁榮、思想開放和支持遷移的立場，建立在多數人相對不那麼繁榮和流動的基礎之上，[8]而不是道德之上。地球上最富有的百分之十的人產生了百分之五十的碳排放量。[9]如果所有人都享受已開發經濟體中許多人已經視為理所當然的人口流動，我們很可能很快就會因為由此產生的溫室氣體窒息而死。

這指出了啟蒙敘事（enlightenment narrative）中最大也被討論最少的悖論：它所宣揚的思想開放和進步的意識形態其實建立在暴力、無法持續的實踐之上，而這些實踐如今仍在起作用。新冠肺炎大流行迫使我們不再將當前的危機描述為自外於現代化的特殊威脅，並承認它們實際上是建造和維持現代性本身所需實踐的產物。[10]

大多數人都在尋找德國人所說的家園（Heimat）：家庭、文化、本土、社區的混合體，最重要的是，我們可以為自己創造生活的地方。這本書所討論更多的是關於人們的感受，而不是通常用來量化遷移的穩定指標。這本書是關於找到一種在這個世界上生活的方式，既支持離開的渴望，又能同時支持留下的想望。這本書想要弄清楚如何成為移動的人，卻不會忘記自己身在何處。歸根究柢，這本書想要找到我們的家園，內心深處都渴望的地方。希伯來語 Teshuva（תשובה）的意思是悔改或救贖，其字根 shuv 則是指轉向或返回，延伸之意則是「回家」。

這本書的原文書名（THE NEW NOMADS）對從古到今的移民致敬，從最早走出非洲的先驅者祖先，到今日勇敢移居或遠離地球上每塊大陸、以及在大陸之中遷徙的年輕人。但我也對游牧作為一種生活方式深感興趣。農業發展前的游牧民族既具有高度流動性，又深深扎根於一個地方。在地球上，人類有很長一段時間都是游牧獵人和採集者，在不到一百人的小團體中工作。但每個群體所覆蓋的領土相對有限。只有在必要的時候，才會跨出邊界行動。所以我們雖然不斷旅行，但也是當地的專家。這非關喜好，而是生存問題。如果不能適應周圍的環境，就會成為獵食者或自然環境的犧牲品。但我們沒有——我能在此寫這篇文章就能證明我們沒有。

能隨意環遊世界享樂的富豪腐化了游牧原本的意義，這種對游牧主義的錯誤理解膚淺而現代。游牧這個詞來自希臘語 νομός（nomós），意思為牧場，並且僅從 νομάς（nomás）擴展而來，意思為在所述牧場上徘徊的行為。我們太過著迷於流動性，以至於忘記從根本上來說，游牧生活也和地方有關，它是關於游牧民族來回走動的牧地以及在其中平和的居住生活。游牧生活說的是當地的專業知識、腳踏實地、社區、家庭、連結、了解界線、節儉。在本書中我們會了解，最年輕的一代更能適應這種游牧的二元性：心懷家庭概念的責任感緩和了不安的旅行衝動。

為了展現如何創建家庭，為了從經驗中了解究竟什麼是遷移，也為了嘗試回答我在本導論中提出的問題，我將本書分為兩部分。第一部分將著眼於一個人可能移動的原因，以及對他們、他們的原籍地和新家有什麼好處。我們會將其視為一系列推拉因素。我們還將研究難民的情況。對於難民來說，這不是推或拉的情況，而是別無選擇。然而，難民可以像其他任

受遭受仇外心理的移民的痛苦，同時不要忘記種族主義其實是不安和疾病的表現形式。你見過平靜、快樂的白人至上主義者嗎？採取正確的心態讓我們記住種族主義者也在受苦，使我們能夠對種族主義的兩個受害者——移民和種族主義者——表示同情。

當然，踏上外在旅程無法保證我們將踏上關鍵的內在旅程，並讓我們放下他者化的念頭。但外在旅程的開始可以是啟動內在旅程的關鍵。

這正是發生在阿布迪和傑夫身上的事情。阿布杜拉曼得以在席本牧場茁壯成長，是因為他的外在旅程，從他童年的散步到他的國際旅行，都藉由內在旅程反映出來，而內在旅程從根本上告訴他，無論在馬利還是蒙大拿州，人們都有很多共同點。

這引起了我強烈的共鳴。的確，你在本書中即將見到的新游牧族的經歷，已經將他們中的許多人變成了外在變化和內在成長的專家。但是，在我告訴你他們的旅行和他們踏上的內在旅程之前，我應該先說說我自己的。

註釋

1. 川普於二〇一八年一月十一日在白宮與國會議員會面時，如此描述一些撒哈拉以南的非洲國家。
2. 出處為弗朗索瓦・赫蘭（François Héran）於二〇一八年四月五日在法蘭西公學院所發表的演講。
3. 參見 https://www.un.org/en/sections/issues-depth/migration/index.html
4. Goldin, I., Cameron, G., and Balarajan, M. *Exceptional People: How Migration Shaped our World and Will Define our Future*. Princeton University Press (2011).
5. Shaw, M. *Courting the Wild Twin*. Chelsea Green Publishing Co. (2020).
6. Jackson, W. *Becoming Native to This Place*. Counterpoint (2016).
7. Sassen, S. *Expulsions: Brutality and Complexity in the Global Economy*. Harvard University Press (2014), 149–151; Klein, N. *Let Them Drown—The Violence of Othering in a Warming World*. The Mosaic Rooms (4 May 2016) https://vimeo.com/166018049
8. Sheller, M. *Mobility Justice: The Politics of Movement in an Age of Extremes*. Verso (2018).
9. Kartha, S., Kemp-Benedict, E., Ghosh, E., Nazareth, A., and Gore, T. *The Carbon Inequality Era: An assessment of the global distribution of consumption emissions among individuals from 1990 to 2015 and beyond. Joint Research Report*. Stockholm Environment Institute and Oxfam International (2020).
10. Stein, S., Hunt, D., Suša R., and de Oliveira Andreotti, V. *The Educational Challenge of Unraveling the Fantasies of Ontological Security, Diaspora, Indigenous, and Minority Education*. Taylor and Francis (2017).

第一章　遷移的改變力量

我對傻瓜很有信心——我的朋友會稱之為自信。

——引自愛倫．坡（Edgar Allan Poe）的《書邊批識》（*Marginalia*）

二〇一五年一月七日，兩名遭受伊斯蘭國（ISIS）精心洗腦的殘忍暴徒手持攻擊性武器闖入諷刺刊物《查理周刊》（*Charlie Hebdo*）的辦公室，有條不紊地處決了絕大多數在場人員。這次襲擊和隨後的追捕導致十七人死亡。伊斯蘭國很快聲稱犯案。此消息一出，法國和世界各地隨即震驚不已。每當有人以伊斯蘭教的名義犯下可憎之事時，都會讓現代的穆斯林（伊斯蘭教徒）像受到制約一樣，出現反射性本能，西方的穆斯林，尤其是法國的穆斯林，為接下來可能發生的事情做好了準備。

我從青少年時期就對阿拉伯伊斯蘭文化產生濃厚的興趣，並最終在二〇〇三年與一名突尼西亞女性結婚時開始信伊斯蘭教。這是當地法律要求的（我們在迦太基附近結婚，如今是首都突尼斯的郊區），但也符合我對爭議的興趣以及想要支持一種宗教的天真渴望，而我認為這種宗教遭到非穆斯林和西方穆斯林的冷嘲熱諷。這段婚姻很短暫——我們於二〇〇五年分居——但這個原本在我結婚時可說是義務上的信仰，在《查理周刊》遭到襲擊時變得深刻。

我對於「我存在」的一個中心思想是渴望讓抱持相同想法的人聚在一起。我在職業生涯中，結識了許多頂尖的穆斯林思想家和政治家，並向他們建議發起呼籲伊斯蘭改革的智庫。卡瓦基比基金會（Kawaakibil Foundation）[1]的聯合創始人中有馬來西亞前副首相；黎巴嫩黎波里的穆夫提（mufti，解釋伊斯蘭教法的學者，有權發布伊斯蘭教令）；南非穆斯林司法委員會已故主席；法國伊斯蘭基金會（French Islam Foundation）現任主席；波爾多大清真寺的伊瑪目；一位在維也納大學教授哲學的巴勒斯坦－奧地利混血神職人員，他撰寫了一篇關於無神論的博士論文，並且是世界上最早公開捍衛女性成為伊瑪目的其中一位穆斯林神學家。我們指出了阿拉伯中心主義的危險：世界上一些最專制和倒退的政權——主要是沙烏地阿拉伯——在大多數穆斯林不是阿拉伯人的時代定義伊斯蘭規範，[2]具有不成比例的破壞性影響。在自認為是穆斯林的恐怖分子發動恐怖攻擊之後，我們懷疑只是大喊「這與伊斯蘭教無關！」並非智慧的發言。（想想「我們是否同意十字軍東征與基督教『毫無關係』！」）

我們呼籲革新伊斯蘭思想，並從頭推動重新解釋（ijtihâd）宗教經典，以將穆斯林從字面且過時的解釋中解放出來。

改信伊斯蘭教的人在與出生即是穆斯林的人——尤其是阿拉伯人同胞——進行比較時，容易有種不合法的感覺。因此，我們傾向於採取兩種態度中的一種。第一種，也是慶幸最常見的一種，是變得相當保留。最近才改信的人說話卻最大聲並不好看。在一定程度上，可能是因為第二種態度是向基本教義派急劇左轉所以才傾向第一種態度。多年來，我一直是媒體中的次要專家和發言人，但身為改信者——事實上是受到關注的導彈——願意批評同為穆斯林的人，讓我在教友中獲得相當大的認可。幾個月後，我發現我們發布活動的照片出現在最新一期的伊斯蘭國法語雜誌《伊斯蘭世界》（*Dar Al Islam*）上，標題寫著：「叛教者大會了」，照片中有我。雖然文字中並未提及直接的人身威脅，但其含義很明顯：應該殺死叛教者。

在接下來的幾個星期中，法國反恐協調小組派了兩名精銳警官貼身保護我。大約有一個星期，我覺得自己很重要。然後，開始感到生活在持續恐懼中的陰暗以及再也不能獨處的瘋狂。經歷過與這些守護天使相處的超現實的十個月之後（我將永遠感激他們的服務和法國當局對我是否安全的關注），我決定搬到一個我幾乎不認識任何人、也沒有人認識我的國家。

這是住在法國的卡瓦基比基金會其他成員所沒有的奢侈，他們比我更經常受到基本教義派的威脅，並且面臨更大的風險。

這就是我和我的兩隻拉布拉多犬在二〇一六年的嚴冬降落在斯德哥爾摩的來由，我因為持有歐盟護照（我有奧地利和美國雙重國籍），所以可以在其中自由移動。我從來沒有去過瑞典，選擇搬到那裡的主要原因是不熟悉。我身無分文又失業，幾個月來靠幾個朋友和家人的匯款維持生計。我在過去兩年的全職活動主要是不喝酒或不吸毒，安然度過每一天。經過二十年的積極依賴大麻和短暫但殘酷的古柯鹼成癮後，我戒毒又清醒。但我不知道接下來會發生什麼事。

新移民用「西雅圖冷冰冰」來描述在該城市建立和維持關係如何困難，因為令人感到冷漠、疏遠和古怪的當地人普遍對新移民缺乏興趣。當我第一次聽到這個說法時，立刻想到在斯德哥爾摩的經歷。我的家鄉有很多人——完全可以理解——在我有藥物成癮問題後和我保持距離，但一些朋友仍然願意幫助並支持我。在斯德哥爾摩，沒有人知道我是誰（這當然正是重點），令我非常沮喪的是，似乎沒有人關心我。

我到達的季節時間非常糟。這個國家從聖誕節後到四月之間進入社交冬眠，引起的孤立感，甚至是我之前從未經歷過、此後也不再經歷的感受，我稱之為社交厭食症。我有很多時間去思考人生的高潮和低谷、在我生命中來來去去的人，想想還真不少。我在突尼西亞結婚時，伴郎在致詞中將我比作變色龍，讓人聯想到《阿甘正傳》和伍迪艾倫電影中的主角，人稱變色龍的雷納德・瑞力克（Leonard Zelig）。

在斯德哥爾摩度過的第一個冬天，我經常漫無目的在動物園島和這座雄偉城市的其他島嶼上閒逛，重新閱讀其他更戲劇化真實人物的生活故事，他們非傳統的生命軌跡吸引了我的想像力。我與所有人重新聯繫，包括俄羅斯反社會人士愛德華・利莫諾夫（Eduard Limonov），他先是聖日耳曼德佩區的爭議詩人，後來成為俄羅斯中持不同政見的極端民族主義分子。法國作家艾曼紐・卡黑爾（Emmanuel Carrere）將他不可思議的經歷撰寫成書。另外則是喬治亞籍猶太人列夫・努辛鮑姆（Lev Nussimbaum），將自己重塑為穆斯林的庫爾班・賽義德（Kruban Said），並恰如其分地被稱為一九二〇和一九三〇年代最偉大的廢話藝術家之一。我想知道我即將過著什麼樣的生活。

我曾經是下標籤的人和小毒販；為威望迪（Vivendi）和歐萊雅（l'Oréal）等跨國公司的執行長撰寫演講稿；為華爾街一家律師事務所打雜；法國嘻哈製作人和樂隊經理；網路企業家，一度非常接近網路色情世界；為國家元首、政府高官和法國能源巨頭道達爾（Total）當時的執行長、已故的克里斯多福・德・馬熱里（Christophe de Margerie）擔任媒體關係和策略顧問，馬熱里後來成為我的密友兼導師；發起「趕快離開！」的運動，[3]鼓勵法國青年踏上看世界並找到自我的旅程。我的職位包括《國際先驅論壇報》（*International Herald Tribune*）[4]的「公關經理」、當時領先世界的網路安全公司賽蘭斯（Cylance）的「國際總裁」，以及「地面技師」——法國人如此稱呼我擔任停車場清潔工的短暫工作。我在達沃斯附近陪伴一位諾貝爾和平獎得主，並將一位想要成為印尼獨裁者的人帶到愛麗舍宮（譯註：愛麗舍宮為法國總統官邸）。我因為嘲笑川普時代的美國例外論，受到康朵麗莎・萊斯（Condoleezza Rice，譯註：曾任美國國務卿及美國國家安全顧問。她是美國歷史上第一位非裔女性國務卿）的責罵，並因為在聖日耳曼大道上抽菸，受到當地警察局長的責罵。我曾招待比爾・蓋茲和幾位國家元首（包括一些獨裁者）共進晚餐；也曾無家可歸，睡在火車站的長椅上。而我又再度經歷失業和找不到工作。

我不得不說，這個有點怪誕的詳細紀錄產生的效果很有趣。我很清楚這也會讓人聯想到其他形容詞，例如魯莽、不誠實、有權力、顯然以自我為中心。毫無疑問，具備如此多重面向本身就是特權。這些年來，隨著毒品和酒精的影響開始消退，我能夠看到過去的我受到誤導、頹廢、危險和不道德的一面，而非毒品引發的幻覺，以為自己身為神祕的國際人，是令人振奮而迷人的存在。意識到許多我覺得令人興奮和有價值的事情其實毫無意義，也意識到許多以前不太喜歡我的人有其充分理由，而許多喜歡我的人也和我一樣病態，這樣的過程令人難以置信地讓我感覺充實。了解到不再像以前那樣以自我為中心、傲慢自大——只要一碰酒或毒品，就很容易再次變成那樣——會帶來更幸福的生活，這是我存在的最佳禮物，甚至稱得上奇蹟。

儘管我判斷是非的能力有缺陷，有時又令人震驚地無知，在幾年清醒和戒毒的幫助下，我可以辨別出允許這些不合邏輯、荒誕怪異的情況在我身上出現的技能甚至美德，無論是正面、令人興奮的，或是怪誕和有毒的。這些技能或美德包括折衷主義、復原力、人際交往能力、幽默、開放心態、願意嘗試新事物、看到可能性並把握的能力、與非常不同的人建立聯繫、知道什麼能打動人心、與他們建立連結，並讓他們與他人建立連結。一旦我在這些特質中加入真誠，並用自尊取代自戀，我就能好好地開始成長。

這些能力不是學術實力或卓越智力的成果（儘管我在多處取得出色的成績，但我當學生的整體成績相當平庸，最後甚至沒讀完大學）。我認為有很大程度上歸功於我的家庭背景。

⁂

我家世代都有移民，而他們沒有我和我的兄弟姐妹那麼幸運。

可以這麼說，寫一本名為《新游牧者之歌》的書已經變成我的人生旅程。當我第一次出現這個想法時，我已經以各種身分參加在瑞士阿爾卑斯山舉辦的世界經濟論壇超過十年，這是由商業和政治領袖組成的菁英聚會。全球主義不僅是我的世界觀，也是我的身分和經濟來源。直到我開始寫作的那一刻，這本書都可以想見將成為一首針對人口流動的全球主義頌歌。本土主義、民族主義和民粹主義的興起已經成為趨勢，在我看來，游牧主義是完美的療法——當個人和經濟成長成為民族主義和仇外心理的答案時。

但在英國脫歐公投和川普當選之後，我的想法開始發生轉變。我於二〇一七年一月來到達沃斯，期待那些「致力於改善世界狀況」[5]的人進行強烈的反省，並試圖找出問題所在。畢竟，正是前英國首相東尼·布萊爾（Tony Blair）繼承的柴契爾主義和前美國總統巴拉克·歐巴馬的中間派在達沃斯慶祝了政治、經濟和社會發展的頂峰，才導致了這兩場劇烈變動。我很快意識到世界經濟論壇的成員將不會深刻反省。從出席人士的角度來看，簡而言之，這樣的情況源於人民「錯誤的投票，違背了自己的利益」。就是這樣。從氣候崩壞到荒謬的不平等和民粹主義，全球菁英對我們所有弊病的答案依舊不變：更多的成長、更多的知識、更多的技術、更多的創新（哦，當然還有：更多的正念和瑜伽課程）能夠解決現局。那時我的腦中冒出一個念頭：為了應對所有這些現代的火災，我們的消防隊由縱火狂組成。

我開始寫這本書時，仍在達沃斯擔任類似啦啦隊長的職務，而我就像現在許多人一樣，使用了「游牧族」這個詞，作為人口流動的簡稱。當我在每年一次到阿爾卑斯度假勝地的朝聖之旅中提及正在撰寫的書名時，立即感到聽眾的興奮。許多與會者告訴我，他們自己也是游牧族，因為他們「住在飛機上」，在美國紐約蘇活區有一間頂樓房間，在瑞士格施塔德（Gstaad）擁有一間小屋，或者他們有著不安分靈魂的孩子，在上大學前的空檔年到世界各地遊歷。也不只有參加世界經濟論壇那一類型的人喜歡這本書的主題，當我向絕大多數自由主義和關心氣候變遷的西方中產階級——倫敦的留歐派、巴黎的中產階級式波希米亞人、威廉斯堡的不從主流文青——提起這件事時，他們也很興奮。流動和躁動已成為現代社會的終極地位象徵。「游牧」很流行，你幾乎會忘記不久前，游牧主義還帶有負面含義。不過幾十年前，游牧民族是流浪者、吉普賽人、流浪的猶太人，這些人在大部分地區都極度不受歡迎。

我還注意到其他事。我若是向收入較一般或來自工人階級文化的眾多正派的一般人提及我的書，書名會引起對方的茫然眼神。我意識到，利用聽者對「游牧族」這個詞的反應差異，可以有效了解對方站在我們兩極分化社會的哪一邊。

我慢慢意識到許多自由主義者對遷移的冷漠而理想化的看法所產生的暴力。這是克里斯．赫吉斯（Chris Hedges）所描述的「反向極權主義」（inverted totalitarianism）[6]和查爾斯・愛森斯坦（Charles Eisenstein）所描述的「極權組合主義」（totalitarian corporatism）[7]的必然結果。而這與這些自由主義者對於人文主義、進步、啟蒙運動和現代性有著更廣泛的冷漠、理想化、自私的看法密切相關。我意識到本土主義和反移民情緒的興起在很大程度上是對這種冷漠的反應。

時值一九四五年。史達林和羅斯福知道，一旦納粹潰敗，就會迎來清算。雙方的目標都是在遇到對方陣營時占領盡可能多的德國領土，以便在不可避免的談判中處於有利地位。布雷斯勞當時是位於西利西亞中心的中世紀德國小鎮，現在則是一個名為弗次瓦夫的波蘭小城。幾個星期以來，這個小鎮不斷充斥著謠言，內容是俄羅斯軍隊在向西推進時對遇到的德國平民施以搶劫、酷刑、強暴和謀殺。自一九四一年莫洛托夫－里賓特洛甫互不侵犯條約（Molotov-Ribbentrop pact）終結以來，德國和俄羅斯一直在打一場惡戰，其中包括有史以來最恐怖的交戰。美國軍隊才剛登陸歐洲。德國人本能地知道，落入西方盟軍手中會比落入俄羅斯軍隊手中，下場來得好。

一月的一個深夜，三名婦女結伴以步行方式離開小鎮，推著載有她們最貴重物品的手推車。三人組的成員包括一位身材高挑、美貌驚人且意志堅強的早期孕婦西格麗德（Sigrid），她的母親夏洛蒂（Charlotte），暱稱為咪咪（Mimi），以及她的外婆瑪格麗特（Margarethe）。三個女人向西方前進。走了幾個星期，她們差點在離德累斯頓不遠的地方遇上俄羅斯的坦克軍隊，不得已只好棄車躲進壕溝中。

不久之後，一輛滿載德軍向西行駛的卡車駛過。西格麗德懇求士兵讓她們搭便車。軍隊起初因為三個女人帶著的行李箱而拒絕。西格麗德只好忍痛處理掉最後的行李，於是士兵同意她們搭乘。在接下來的幾週和幾個月裡，他們慢慢向西穿越德國，直到六月抵達巴伐利亞的小鎮霍夫。在市政廳外，西格麗德如往常在停留的每個城鎮所做的那樣，搜尋數千名下落不明或受傷士兵姓名的名單，最終在那裡看到了丈夫霍斯特（Horst）的名字。

霍斯特不喜歡納粹。事實上，他討厭納粹。但他也不是英雄。身為工科學生，他盡可能躲避徵兵，但到了一九四三年，每個適齡的人都被徵召入伍。儘管如此，他還是設法避免前往戰場，在一九四四年之前都從事文書工作。直到一九四五年四月，他被分配一把步槍並派往戰場。在特里爾鎮附近的森林中與美國軍隊的一場激戰中，才開始交戰，他的手臂便中槍。

當西格麗德在霍夫的名單上看到霍斯特的名字時，他正在巴特瑙海姆的一家醫院裡，這個小鎮離蒙大拿牧場主人亨利．席本的出生地很近。西格麗德立刻帶著母親和外婆前往醫

她的膚色描述為「深色」（另有「淡色」和「白色」選項）。妮琪的外祖父安騰（Anton）也來到了美國，他原本是來自松博爾（Sombor）的匈牙利人，那裡當時隸屬奧匈帝國，現在則是塞爾維亞的領地。身為有天賦的騎士，他在抵達美國後參軍，並被派往新墨西哥州，成為潘興將軍（General Pershing）為俘獲墨西哥革命領袖龐丘・維拉（Pancho Villa）卻失敗的遠征成員。

妮琪的希臘裔美籍父親比爾（Bill）出生在紐約奧巴尼，他也很年輕就參軍，並在第二次世界大戰中為美國奮戰。亞歷山大至少有一個叔叔是眾所周知的納粹分子。霍斯特和比爾在第二次世界大戰終站在對立面作戰，而他們的孩子去奧地利旅行時在瓦爾德維爾特爾（Waldviertel）的一個小村莊結婚，那裡距希特勒父親的出生地僅一箭之遙。生命有它自己的路。

亞歷山大剛從哥倫比亞畢業，就受到紐約一家律師事務所聘用。在以傑出的律師身分展開職涯後〔在一張珍藏的照片中，他在記者會上站在《華盛頓郵報》發行人凱瑟琳・葛蘭姆（Katherine Graham）身後，她在與尼克森政府對五角大廈文件的事前限制禁令官司中獲勝〕，該事務所問他是否願意幫助他們在巴黎之外開拓歐洲業務。當時妮琪因為攻讀學業的關係被聘為社工，但對藝術也有著濃厚的興趣，她喜歡搬到這座被稱為「光之城」的城市。

她在巴黎很快就成為美國超現實主義視覺藝術家暨達達主義聯合創始人曼・雷（Man Ray）遺孀的助手兼密友。妮琪最終在孚日廣場開設了自己的當代藝術畫廊，與丹・佛拉文（Dan Flavin）等代表性藝術家合作，但也與塞拉耶佛和喀布爾等衝突地區不那麼知名的藝術家合作。亞歷山大的莫斯科計畫從未完全實現，儘管他在巴黎定居的前十年會定期飛往蘇聯首都，這讓很多人猜測他其實是間諜。

以上的故事說明了我和我的兄弟姐妹如何擁有希臘、匈牙利、波蘭和德國血統，以及深厚的維也納和美國文化和價值觀，最終在巴黎出生和長大。

◆

大多數移民傾向於採用兩種策略的其中之一：融入或突出。我母親總是喜歡後者。她搬到法國時，在巴黎和普羅旺斯為自己建立了一個自豪的美國人新身分。直到今天，這就是人們對她的了解。她仍然對大多數美國的事物表現出一種愉快的亨利・米勒式的蔑視，在美國土地只要待上一個多星期就會感到不安，但也不斷抨擊任何她認為是歐洲人的傲慢或仇外心理。

我父親則傾向融入，只是偶爾會表現出外國人的模樣。他有一位親法的遠親，在第一次世界大戰前去了巴黎，僅僅因為是哈布斯堡君主國的臣民，整個大戰期間就在法國監獄中度過。這個不幸遭遇影響了我的父親。他在巴黎時，再次讓自己融入生活中，和盧森堡公園的棋手成為朋友，很快就能說出流利的法語，甚至熟悉了當地的俚語，但和許多外國人一樣，罵人時並不熟練。他精通法國紅酒、乳酪和甜點的艱深知識（在我們家，糕點美食變成了動詞：巴黎布雷斯特泡芙〔Paris Brest〕的意思是，在下午或晚上享用餐點，每一口都比之前大一口的方式吃完整道菜或甜點，就像他喜歡做的那樣）。這讓他深受許多法國人的喜愛。儘管如此，當我的父母，尤其是母親，講著帶有口音的法語時，服務員或出租車司機的敵意或覺得好笑的反應清楚表明——我們不一樣。可以肯定的是，我們還算是享有特權的外國人——儘管存在反美和不那麼明顯的反德態度，仍然比對待非洲人或中國人友善。但我們絕對、毫無疑問是外國人。

與此同時，日復一日，我的父母也成為真正的巴黎人，而且我們兄弟姐妹麥克斯（Max）、夏洛特（Charlotte）、喬喬（Jojo）和我經常在其中發揮重要作用。當我們在假期結束後分別返回巴黎時，在維也納或紐約的朋友所表現出的強烈羨慕眼光總是這麼提醒我。我能感覺到一位獨裁者提到科西嘉島時曾說：「我們想要沒有鳥的籠子」——當然適用於巴黎和巴黎人，他們確實像很多人認為的一樣非常粗魯。儘管如此，巴黎仍被認為是世界上最偉大的首都之一。我很自豪來自那裡。身為巴黎人也影響了我最早的閱讀——讓我入門的兩位作者是評價遭到低估的法國巨擘馬歇爾・埃梅（Marcel Ayme）和英國伊妮・布萊敦（Enid Blyton）。對我來說，伊妮最有名的系列作品 *The Famous Five* 的五位主角是克勞德（Cladue）、弗朗索瓦（François）、米克（Mick）、安妮（Annie）和達戈伯特（Dagobert）。我讀了他們的每一部冒險經歷，但我讀的是法語。

從我很年輕的時候，世界主義的局限對我來說就已經很明顯。很多年後，我確切明白在我母校任教的愛德華・薩依德（Edward Said）說起「我早年是令人不舒服的異常學生：一個巴勒斯坦人，在埃及上學，有英文名字、美國護照和一點也不確定的身分」[8]時，是什麼意思。

有時我寧願自己像學校裡的大多數孩子一樣，來自典型的法國家庭。我三年級的導師德梅隆小姐（Mademoiselle Demoellon；我和同學最喜歡稱她為「兩個瓜小姐」〔Miss Two Melons〕）是位一本正經的嚴厲女性。我因為母親在她們的往來信件中拼寫錯誤而遭受她斥責時，心裡非常不愉快。有時，我希望我們住在其他地方。兩個瓜小姐禁止我們在下課時間以外去洗手間，我童年記憶中非常羞辱的一個時刻，就是因為忍不住而尿褲了，幸好我的同學沒有發現。這個事件，以及嚴格的法國學校系統普遍傾向打擊學生，看誰能在期末、學年末和整個學校生涯結束時仍然屹立，這在我心中種下了叛逆的種子；憤怒和自我毀滅的暴力在青春期湧現出來。

我能感受到融入、在地深耕和定居的強大吸引力。要使世界主義成為資產，需要以強大的當地文化特色（語言、人、習慣、價值觀、地方）為基礎。如果沒有加以連結並實際運用，就可能毫無價值。居住在外國人社區的人們，與他們總是稱呼為「當地人」的族群隔絕，往往容易只看表面，將世界主義變成一種騙局，或者更糟的是，一種詛咒。

我從小就感覺到像浮萍一樣漂泊無根很可怕；不停地到處移動，以致對地理、民族和文化只有膚淺的理解。直到今日，沒有什麼比人們在「共同工作」和「共同生活」空間以及當今流行的外籍人士聚居區域中發現的枯燥無味、詭異的情感疏離氛圍更讓我不舒服，他們稱自己為「數位化或全球化游牧族」，隨處可見。餐廳、咖啡或服裝連鎖店也是如此，它們在世界各地的任何商場或城鎮大街上的外觀和感覺都相同。不扎根於當地的文化根本就不是文化。

在英國脫歐公投之後，政治科學家大衛．古德哈特（David Goodhart）提供了一個方便的範例，來理解他所看到的英國政治新的基本分歧。[9]傳統的有無與貧富之間的對立已經讓位給新的對立，也就是「到處」——自認是流動的、受過教育和進步的——和「某處」——

更加扎根和「實在」、植根於其出生地的保守派——之間的對立。身為深耕移民的兒子，我從小就感受到了生活中的緊張情勢。

謝天謝地，我不只是到處，也是某處。我和兄弟姐妹受洗為天主教徒（在巴黎時，像羅馬人一樣），在教義問答課上我花了很多時間想知道這些討厭的法利賽人是誰，他們的名字與我們的名字非常相似（在法語裡，法利賽人是 pharisens，巴黎人則是 Parisiens）。我父母在巴黎的大多數外籍友人都把他們的孩子送到英國、美國或所謂的國際學校。我們馬夸特家的孩子則就讀法國學校，不知不覺帶著法國的世界觀長大。我認為這是我們父母在撫養我們時所做的最重要決定之一。我一生中的大部分時間都自稱為奧地利裔美國人，正如我的護照上所標示。但事情的真相——正如我在寫這本書時終於接受的那樣——是我隱晦的概念性思維、兼容並蓄的文化、對普遍主義的狹隘抱負和喜歡誇大，證明我骨子裡是個法國人。

我父母的美國朋友的孩子經常活在自己的世界裡。他們不懂電視節目裡用語的出處，也不懂法語的笑話和文字遊戲；當他們離開豪華的六區、七區、八區和十六區時，會徹底迷路，經常讓父母非常恐慌。他們錯過巴黎所提供的很多資源，我為他們感到難過。我是徹頭徹尾的巴黎人——任何聽到我用當地方言抱怨下雨天或交通的人都可以證明這一點。法國鄉村和普羅旺斯也屬於我的身分。我十二歲以前，在巴黎郊外的小村莊維德萊（Videlles）度過了大部分的夏天，那裡的居民稱我們為「美國佬」，四分之一帶著好感，另外四分之三則對美國人不屑一顧。十二歲以後，我的大部分夏天則在地中海村莊和拉克魯瓦瓦爾默（La Croix-Valmer）度過，並在那裡遇到了我第一個兒子的母親。

每年聖誕節去奧地利探望祖母，讓我更加確認而非懷疑自己深植於法國的感覺。隨著時間過去，我也覺得自己是那裡的當地人。在寒冷的瓦爾德（Waldviertel），我的父母強迫我和兄弟麥克斯（Max）穿著令人發癢的皮短褲，讓我討厭極了，但我喜歡乘著雪橇下山，檢查鄰居的豬圈，並嘗試幫辛胡伯先生的乳牛擠奶，但成效不佳。觀賞我祖母在伯格劇院演出，並在後台擁抱她的生動回憶，鞏固了我所採取的奧地利認同以及我對歷史的重量所產生的感受。希特勒上台時，我的祖母才九歲，和所有同齡的德國女孩一樣，她在次年加入了青少女聯盟（德國少女聯盟的較年輕組織）的行列。在此期間，其他青年組織都遭到取締。然而，她在生涯最後的表演角色中，扮演了大屠殺的倖存者。

從很小的時候，美國在我的身分認同中也占了重要位置。戰爭對抗遊戲是在學校下課休息最受歡迎的活動。當「德軍」與「盟軍」對抗時，我會本能地藏起我的日耳曼根源，而一味強調美國的根源。我剛從美軍退役的外公鼓勵了我的年輕機會主義。在軍隊有著傑出表現後退役的威廉・伊科諾莫斯上校（William Economos，他被安葬在維吉尼亞州的阿靈頓國家公墓），在大理石山開了一家花店。大理石山是紐約住宅區的一個小區域（二二五街），在地圖上看起來是布朗克斯的一部分，但其實屬於曼哈頓。我清楚記得一九八三年的夏天，我和麥克斯在那家店裡用噴花的噴霧打水仗，也第一次看了洋基隊比賽——我清楚記得外公指著坐在隊上板凳的一個有著招風耳的微笑老人：「你看到那個人了嗎？那是尤吉・貝拉（Yogi Berra）！」——洋基隊的傳奇捕手、經理和教練。

當我在法國變得嚴重叛逆並被幾所學校拒於門外後，當時相當心煩意亂但並未生氣到失去理智的父母意識到，問題可能出在法國的教育制度上，而我到了美國的菁英寄宿學校中就或許能大放異彩，就像電影《春風化雨》演的那樣。一個夏天，我父親帶著我參觀了幾所新英格蘭的學校。身為國際學生，我的形象自然變成無害的外國學生，再加上父母願意並能夠全額支付高額學費，儘管之前的學業表現成敗參半，然而願意接受我的學校多得令人驚訝。

碰巧的是，其中最具競爭力的一所麻薩諸塞州名為北野山高中（Northfield Mount Hermon，NMH）的大學預備學校，也是我在參觀期間唯一遇到許多非裔美國人和西班牙裔美國人的學校，我父親和我都很喜歡。在那裡，我遇到了來自布魯克林的非裔美國人馬喬（Maajo），我和他打了幾架，後來成為好朋友。他和他在北野山高中的夥伴塔米卡（Tamika）如今成為夫妻，他們讓我了解黑人身處於主要種族為白種人的美國，是什麼感受。僅僅因為離開一座城市，你肯定就得忍受微妙的種族主義，並承擔風險：不斷、反覆地恐懼警察隨意的逮捕、傷害或殺害。在喬治．佛洛伊德（George Floyd）遭受殘忍殺害（譯註：二〇二〇年五月二十五日，在美國明尼蘇達州，四十六歲的非裔美國人喬治．佛洛伊德因涉嫌使用假鈔被捕時，白人警察單膝跪在佛洛伊德脖頸處超過八分鐘，佛洛伊德被跪壓期間失去知覺並在急救室被宣告死亡）以及因此發起的抗議活動之後，我們在線上聚會。對他們來說，美國發生的事情並不令人意外。當國家建立在制度化的暴力、種族主義和奴隸制和種族滅絕的基礎上，再加乘新冠肺炎因素的影響時，就會發生這種情況。

我年輕時代最重要的旅行經驗發生在十八歲的時候。在我於一九九三年從高中畢業的前幾個月，我和好朋友朱利安（Julien）一起背著背包，一路前往克羅埃西亞的薩格勒布，那裡距離當時被稱為「前南斯拉夫內戰」的戰線僅四十公里。一位高中英語教授接待我們，並允許我們加入她教的課程，和一些學生成為朋友。那些男孩表現得很強硬，而我們在離別前一晚與他們聚會時卻發現，他們害怕被派上戰場。

這讓我印象極為深刻。我有生以來第一次與同齡人直接感受到戰爭和死亡的威脅。我記得我回到巴黎時非常沮喪，意識到周圍沒有人真正關心附近國家正在發生戰爭。沒過多久，我的憤慨就已平息，只為短暫的憤怒留下了羞恥感，對慣性的不可思議力量有了新的認識。

這是我第一次體驗捷克裔法國籍作家米蘭・昆德拉在他的同名書中所說的「生命中不能承受之輕」：歷史的重複，並未帶給我們教訓，實際上往往讓我們最終對任何事情都感到麻木，即使是最令人震驚的言論和事件。

我應該提到最近一次改變我的個人經歷。遷移不僅與地理有關，也和社會和專業流動有關。我很久以前就受到塗鴉吸引而注意到法國嘻哈界，在二十出頭從哥倫比亞大學輟學後不久，開始指導和經營一群饒舌歌手。他們的樂團取名為「神化」（Apothéose，來自希臘語Αποθέωση，意指對神聖程度的頌揚），一開始在地下樂團中表現非常傑出之後，最終成為法國嘻哈傳說中兩個具有神話地位的樂團[10]的配合演出樂團。

一天晚上，在里昂市郊維勒班一個小而傳奇的音樂廳——運輸者（Transbordeur）演出結束後，在外面爆發了一場鬥毆事件。警察趕來，神化最年輕的成員派布斯（Paps，又名Pacman）遭到逮捕。我們花費許多時間與警察談判，希望讓他獲釋，謝天謝地，最後終於成功。

我們直到凌晨才回到巴黎。在跳上往倫敦的火車去見一位最近正在和一位年輕貴族約會的密友之前，我還有時間沖個澡。因此，在逃離法國最混亂郊區的一場鬥毆的幾個小時後，精神振奮且毫髮無傷的我在阿普斯利邸宅吃午飯並配著美酒。

這種令人頭暈目眩的場景轉換，在我心中留下了印記。我意識到生活中只和饒舌歌手接觸不會讓我開心，就像如果選擇只和貴族一起玩，會讓我感到無聊。我自以為在兩種環境中都感到相對輕鬆的技能是我與生俱來的（儘管我必須說與公爵廝混比鬥毆更可怕），卻忘記童年時期父母總是舉辦派對——讓不同國籍和世界的人混在一起的悠久傳統。更實際的是，我開始感覺到，遷移培養了一種本質上是美德的變通能力和折衷主義。正是因為我的父母是移民，所以所有和他們有關的世界都融入我們家。藉由與非常不同的人、環境、宗教、音樂流派、語言、美食接觸，得以不斷成長、開展和活躍。事實上，來來去去，讓不同的世界有所連結是我生活中的一大樂趣。

我是不同地方和種族的混合體，不僅透過興趣和職涯，並且透過第一手經驗，成為遷移方面的專家。我既不在到處，也不在某處，不單擁有一種身分。我兩者兼具，但遠不止於此。我是奧地利人、美國人和無可救藥的法國人，但我也是德國士兵的孫子；希臘人、匈牙利人和波蘭人的曾孫；法國人、澳大利亞人和瑞典人的父親。我是移出者和移入者。因為藥物成癮，我遠離了自己。藉由戒斷和復原，我找到了一樣東西，讓我與阿布迪、我的祖母西格麗德、我的外曾祖母安潔莉琪，和妮琪、亞歷山大以及你將在本書中遇到的許多其他人團結在一起的東西，那就是回家的路。

註釋

1. 我們以阿卜杜勒・拉赫曼・卡瓦基比（Abd Al-Rahman al-Kawakibi）的名字來為智庫命名，他是十九世紀敘利亞知識分子和改革派領袖。
2. 低於百分之十五的穆斯林為阿拉伯人。
3. 'Get out while you can, says Monsieur Scram. *The Times* (1 July 2013).
4. 於二〇一三年改名為《國際紐約時報》（*International New York Times*），於二〇一六年改名為《紐約時報國際版》（*New York Times International Edition*）。
5. 世界經濟論壇的標語口號。
6. Hedges, C., Sacco, J., and Peters, J. *Days of Destruction, Days of Revolt.* Bold Type Books (2014).
7. Eisenstein, C. 'From QAnon's Dark Mirror, Hope.' Charleseisenstein.org (December 2020).
8. Said, E. 'Between Worlds'. *London Review of Books* (7 May 1998).
9. Goodhart, D. *The Road to Somewhere.* C. Hurst & Co. (2017).
10. 分別為「神聖連結」（Scred Connexion）與黑手黨K－1弗萊（Mafia K-1 Fry）。

第二章　造訪各處

二〇一二年春天，我在巴黎的一家廣播錄音室有個頓悟。我受邀到獨立廣播電台世代八八．二（Générations 88.2）參加討論，第一次見到神化的成員。該電台主要播放嘻哈、節奏藍調和非洲節奏音樂，但因為是法國的電台，也有社會和政治辯論節目。節目安排我們談論法國持續居高不下的青年失業率。電台聽眾大多是高中生、送貨司機、店員和有抱負的年輕人，無論是否就業。當天的問題是：孩子們可以做些什麼來提高他們「在生活中成功」的機會？

法國人傾向於重視文憑勝於教育。最負盛名的是高等專業學院（Grandes Écoles）的文憑，相當於牛津、劍橋和哈佛。二〇一九年四月，馬克宏總統呼籲廢除其中一個知名機構，也就是國立行政學院（École Nationale d'Administration，ENA），以減少法國社會的菁英主義。這是對黃背心運動（譯註：是法國一場於二〇一八年十一月十七日開始的抗議運動，因參與者穿著黃色背心示威而得名。示威者起初因為不滿油價持續上揚以及馬克宏政府調高燃油稅而上街抗議，但是訴求迅速擴大到其他如提升草根及中產階級的購買力和要求法國總統馬克宏下台等）的回應，該運動所造成的草根抗議浪潮讓法國菁英措手不及，並使巴黎在二〇一八至二〇一九年停滯不前，但質疑高等專業學校的正當性和未來一直是該運動中法國全民對話反覆出現的主題，就像英國近來討論廢除私立學校一樣。

考慮到這些機構長期存在的不平等，這樣的對話顯得有意義。如果你夠聰明並且有幸從其中一個機構獲得文憑，就可說是前途無憂。法國大多數的企業領導人和政治家都是這些高聲望教育機構的畢業生，而沒有在政治或企業界擔任重要角色的校友往往會竭盡全力，想方設法在談話中提及自己的出身。報紙上的訃聞也總是不忘說明此事（某某出生在這裡，曾就讀某高等專業學院，然後死了）。

但如果你錯過了這種教育——或者在十六歲之前還沒有優秀表現——好運就不在你那邊。我的文化背景和特權代表我可以出國留學，但大多數年輕人負擔不起這種奢侈。

在廣播錄音室裡，談話和往常一樣，一直停留在譴責教育制度。不知何故，我們無法擺脫以下想法，即解決方案是讓更多不同的人進入這些學校。他們所認為的教育可能存在問題的想法，根本不是問題的答案。

節目中存在著明顯的挫敗感和無力感。我心中有一部分可以理解，但這樣的消極情緒讓我感到氣憤。參與節目的所有人都在談論幫助孩子克服這個制度，但我們唯一的答案似乎是讓更多人和更多樣化的人加入這個制度。而對於無法受該制度接納的其他人來說，我們的意思聽起來彷彿是他們的機會在開始之前就已結束。法國老人政治——由有資格的長者組成的政府——成功地讓我們像年輕人得了癌症末期一樣思考和談論他們。我突然想到有一種教育形式，確實是人類已知的最古老的教育形式，可以協助賦權和啟迪更多年輕人。

多虧了我家族的遷移歷史以及我自己的遭遇和經歷，我意識到愈來愈多人，並非全都來自富裕國家和背景，他們正在世界各地穿梭，建立聯繫，開闢新的可能性。當錄音室裡的人爭論不休時，我的思緒飄向拉希德（Rachid）身上。

一九九〇年代末期，我在巴黎經營一家嘻哈唱片公司時，結識了拉希德。他是饒舌歌手，在巴黎郊區一個普通的住宅區長大。拉希德聰明、好奇心重且思想開放。我很喜歡他。他以巧克力（Ch'klah）為藝名表演，非常有才華，但是他從未為了成為專業歌手而花上足夠的時間寫歌和表演。

我們都放棄以音樂為業之後，仍舊保持聯繫。在九一一事件之後，他失去了奧利機場行李搬運工的工作——他的阿拉伯名字和一個非常小的紀錄（他和我一樣在十幾歲時因為吸食大麻而遭到逮捕）足夠為他安上罪名。他沒有為此苦惱，而是轉向藝術，回到學校學習電影，同時尋找一份從未到來的新工作。

棕色皮膚的穆斯林在法國成長的生活可能會很辛苦，尤其是年輕男性。拉希德高大英俊，無論女性或男性都難以對他無動於衷，但他仍然找不到工作，只好自己創造。多年來，他手下的年輕騙子持續從泰國進口廉價服裝，讓他有了靈感。「我們會做2.0版本，」他告訴我。他和兩個朋友前往中國廣州，購買手機記憶卡、掌上型遊戲機和其他電子產品，帶回國在eBay上賣。事實證明，這次為期三週的旅行開啟了雖短暫但成功的進出口生意。更重要的是，拉希德對世界另一端的短暫訪問，給了他一個改變他和我生活的新視角。

二〇〇〇年代中期的法國政治和文化中，各個領域都充斥著反全球化情緒，從左派活動家一直到保守派總統賈克·席哈克（Jacques Chirac）。然而，一個有著弱勢背景的年輕人——實際上是二等公民——以勇氣和智慧超越狹隘的視野，帶著開拓精神和開放心態走出國門，獲得意想不到的巨大回報。拉希德在深圳街頭遭遇一件不尋常的事，儘管他一開始無法完全弄清楚是怎麼回事。他與廣東商人接觸的交易經驗出奇的好，並不是他們對外國人很熱情，事實上恰恰相反。但他們的態度和在他家鄉破壞他生活的那種種族主義截然不同。一位中國商人用蹩腳的英語稱他為「典型的法國人」。

這句話打動了他。二十七年來，他第一次覺得自己是法國人。對於和他在深圳交易的對象來說，這個來到他們當中的人拿著法國護照，像卡通《頑皮豹》裡的糊塗大偵探一樣說英語，顯然是法國人。他們從未想過將他視為「阿拉伯人」「黑人」「穆斯林」或「暴徒」，就像在法國對北非血統的年輕法國穆斯林的常見稱呼。在中國人的耳裡，他的名字並不比「安托萬」「尼古拉斯」或「塞巴斯蒂安」更陌生和具異國情調。

突然之間，在這個陌生的新環境中，所有阻礙他留在出生之地的偏見、猜疑和限制都煙消雲散；剩下的是自由感受和無限的可能性。當他和我談起他在中國的經歷時，看起來眉飛色舞，整個人煥然一新。拉希德的改變僅僅來自旅行的行動本身和受到別人以不同角度看待的經歷。他最終對在中國做生意的幻想破滅，繼續到加拿大碰運氣，最後在巴黎安頓下來。但是因為這次廣州之行，他向世界敞開心門，世界也為他敞開了大門。

回到廣播錄音室，我終於失去理智。我來的時候看重禮貌和克制，但當時這些確實不是我的強項。我開始對節目的聽眾大喊：「就離開吧，看在他媽的分上！」和我一起上節目的來賓們大吃一驚，但主持人阿迪爾．法奎恩（Adile Farquane）顯然很高興，所以我繼續說：「如果你覺得被困住，最好的行動是收拾行裝出發！你年輕、充滿活力、聰明，而且比以往任何時候都更具冒險精神。別再說你的人生不如預期，並非如此！你可能認為在法國就業市場上年輕沒有勝算，在很多方面，你想得沒錯。但是年輕的法國人身分會讓你在全球就業市場上占有巨大優勢。不要再自傷自憐！身為歐洲人，你可以做很多事，去很多地方，那是聰明的年輕亞洲人、非洲人、中東人、拉丁美洲人甚至北美人夢寐以求的。你並非注定要過悲慘人生。拜託，以世界的角度來看，你是幸運兒。」

錄音室裡的一些人嚇壞了。我怎麼能告訴被剝奪機會的年輕聽眾「就」上飛機吧！事情沒那麼容易。「我不是說這很容易，儘管對歐洲人來說比對其他許多人容易，」我回答，「但你無法從容易中學到什麼。這件事是可能的。不要再繼續認為只有菁英做得到。如果每天都有人在巨大壓力下，從菲律賓、象牙海岸和玻利維亞到歐洲，你到底為什麼會認為反向的行程不可能發生？」事後看來，我可以看到這種論點的冷酷無情。正如我們將看到的，在一個國際流動已成為最終地位象徵的世界裡，存在著流動不公平這樣的事情，而且有很多人從來沒有被邀請到我的前任老闆艾莉森．斯梅爾（Alison Smale）[1]喜歡稱呼的「全球晚宴」。假裝有一種任人唯賢的方式來決定誰受到晚宴邀請，其實也是一種全球主義神話。

⸻

然而，擁有雄心壯志是一股強大的力量，尤其對年輕人而言。本章討論的是移民對個人的正向吸引力。一開始邁開腳步的旅行可以引發意義更深的旅程，無論對智力或是對個人而言。事實總是如此。當我鼓勵法國年輕人離開這個國家時，我不只是談論就業市場和他們的前景。我從打進錄音室的電話中感受到的消極情緒，是我建議他們離開法國的真正原因。對我來說，學習如何在不同的土地上取得成功所帶來的開拓精神，即使失敗，也能從努力不懈中獲得自信，其價值遠遠超過巴黎政治學院（Sciences-Po，法國的菁英政治科學學校）或牛津大學所能提供。

古往今來，教育不言而喻的共同貫穿主軸——它一直並始終在教導我們，自己在時間和空間中所處的位置。我們透過教育找到在世界上的位置，在我們的文化、社會和時代中的位置。沒有什麼比旅行和遷移更能讓我們深刻理解這一點。

幾年前，我在從倫敦前往巴黎的歐洲之星上遇到一個年輕人，在他身上看見了這種移民的感受能力。那是個週五晚上，延誤的火車上擠滿了遊客和從倫敦回家的法國銀行家。我在兩節車廂之間的通道和一個明顯不屬於這兩個群體的人聊天。從他閃亮的運動鞋、寬鬆的牛仔褲、黑色連帽上衣和棒球帽來看，這傢伙是個出身法國的在地人。我想知道他去倫敦的原因，猜想八成是職業運動員或饒舌歌手之類的人。我們聊起天來，他告訴我他的故事。和拉希德一樣，羅曼（Romain）也來自巴黎郊區。他嘗試在巴黎大眾運輸公司（RATP）找工作但未能成功後，聽說倫敦需要公車司機，因此到倫敦尋找工作機會。

現在他住在倫敦，駕駛著公車在城市裡到處跑。和從中國回來的拉希德一樣，羅曼也眉開眼笑。他並未經營大公司或主演電影，但他是自己命運的主人。他的英語愈來愈好，定期賺錢回家給父母和家人。我再次感到震驚：羅曼僅僅透過在不同土地上碰運氣，就徹底改變生活。比起在更繁榮的經濟中找到工作，更重要的事正在發生。我們藉由在自己的國家或世界各地移動，改變了對事物和自己的看法。

已故的理論物理學家理查・費曼（Richard Feynman）是該時代非常知名的科學家，但他也是科學界最具原創性的思想家之一。費曼在通俗化上有著令人難以置信的天賦，能夠用外行人的詞語解釋非常複雜的想法。他著迷於知識的本質，也就是古希臘人所說的認識論。他喜歡強調「知道」某事與真正了解某事之間的區別。如今許多人都知道，費曼為了解釋這一點，提到他父親如何教他用多種語言說「鳥」這個詞，然後指出，學會以上這些並未幫助他了解鳥的特徵（羽毛和翅膀）以及能力（大多數的鳥都會的飛翔）。

費曼間接提到的是知識在不同特性之間的差異，從一些微不足道的資料到形成文化的更連貫的資訊集合。我們期望後者能透過扎實的學術教育教授給我們的孩子。但每個父母心裡的祕密願望是，教育能更進一步讓孩子變得有智慧，而智慧仍然是另一回事。你想到的可能是讓我們改變行為的知識；一種深刻的、細緻的理解，不知何故轉化為明智、道德高尚的行動。智慧來自經驗和時間的流逝。這是實踐與幻想之間的美妙互動，成為有成就的游牧族的第二天性。[2]

有鑑於我們對空間和時間兩者相互關聯的了解，這種特殊的知識本身不單純是聆聽、閱讀和討論想法的產物，是不是讓人感到驚訝？智慧事實上來自所有行動中最基本和最重要的形式——邁出一步，走路（尼采甚至警告我們不要接受「走路時沒有想到的任何想法」），以及延伸的旅程。真正的教育一直與旅行及其帶來的自我意識增強密切相關。這就是為什麼我上面提到的文憑，理所當然包括有一個學期到國外當交換學生。從歷史上看，遷出舒適區一直是菁英的專利。如今，除了生於最貧窮階級的人之外，任何歐洲人都可以搭乘大眾運輸工具去外國，體驗地平線之外的世界。值得慶幸的是，歐洲以外有愈來愈多年輕人也能夠在這種體驗所允許的情況下，從這個時間和空間所發展出的文明中獲得獨特的品味。

我們都聽說過「知識就是力量」這句話，但對於大多數古代文明來說，知識就是旅行。對於希臘人或腓尼基人來說，沒有旅行就沒有教育，沒有教育也沒有旅行。使某人受過教育（並有權勢）的是他們旅行過的事實。對於腓尼基人和希臘人來說，啟蒙之旅（例如海克力士的十二項試煉）是一種成年禮，一種因其教育的優點而獲得不朽和權力的方式。

在文藝復興時期，派遣年輕貴族去旅行以「增強心智」的做法愈來愈普遍。荷蘭人文主義者伊拉斯莫斯（Erasmus，其著作為歐洲的思想注入生命，歐盟學生交換計畫也以他為名）以及蒙田（Montaigne）和拉伯雷（Rabelais）的旅行，被歐洲年輕貴族的一種成年禮所取代。此名為壯遊的成年禮讓他們遊覽整個大陸，最後通常在羅馬結束，作為了解自己是誰以及如何成為這樣的自己的一種方式。事實上，歐洲的概念，其所代表的文化織錦，最先也最重要的是藉由旅行編織而成。

大約在工業革命時期，當教育得以大眾化時，旅行從教育的核心特色變成了附加福利。在第一次工業革命之中，教育不再列入菁英計畫的專屬，但也不再達到啟蒙效果。「3R」教育（Reading, wRiting, and aRithmetic：閱讀、寫作和算術）旨在讓不識字的農民變成適任的工廠勞工，不但成功實現目標，發展也未就此止步。引入3R教育的工廠主人非常沮喪的是，讓大眾接受教育，增強了大眾的力量並解放大眾，從而提高政治意識。但旅行已經被拋諸腦後。

其所造成的影響直至今日仍舊存在。世上大多數非菁英學校，仍然不是設計來培養對世界整體充滿好奇並有能力在其中蓬勃發展的全面創新人才。與死記硬背的黑暗時期相比，現今情況改善許多，但即使是現在，教育制度在讓年輕人對於現況做好準備，也遠遠不夠完善，更不用說對未來做好準備。短期居住或長期定居國外仍然有其教育意義。若與學業相結合，甚至可能產生我們這個時代（以及二十一世紀出現的氣候和全球正義運動）所需要的那種大規模、變革性的啟蒙運動。我們在面對氣候崩潰時無法改變自己的行為，代表現在需要一種新的文化，一種名符其實、讓人們變得成熟負責的文化。現在的文明看來停留在不討喜的蹣跚學步階段，是否應該讓旅行重新發揮成年禮的作用？如此一來，我們或許能學會更加小心翼翼地行動，就像慈愛的父母在熟睡孩子昏暗的房間裡所做的那樣。

◆

在拉希德和羅曼的例子中，我們發現我們又回到了原點。古人對於旅行在教育上的優點所帶給我們的教訓仍然存在。但今天，更多、更廣泛、更多樣化的人群學到了這一課。如果你的護照或皮膚顏色不對，旅行仍舊異常艱鉅。但正如阿布杜拉曼、拉希德和羅曼的案例所示，旅行帶來的學習不僅適用於有錢人，也不僅適用於最有天賦和學術競爭力的人。利物浦人尼基．阿爾特（Nicky Allt）和奧勒岡人傑若米亞．考迪爾（Jeremiah Caudill）也進行了自己的壯遊，因此通往一個充滿可能的世界。

學校並沒有帶尼基．阿爾特走得很遠，但是為了觀看支持的足球隊比賽確實讓他去了許多地方。尼基出生於挪威、義大利和愛爾蘭混血的移民家庭，在英格蘭西北部的默西塞德郡長大。他的成長環境艱難，前景黯淡，幾乎沒有什麼好機會。二〇一八年夏天，我在讀了他的回憶錄《來自默西的男孩：安妮路底的烏合之眾，被足球痛宰的幫派混混》（*The Boys from the Mersey: The Story of the Annie Road End Crew, Football's First Colbbered-Up Mob*）之後第一次與他見面。當我聽他描述青春年代時，腦中浮現許多詞語，其中並未出現「特權」這個詞。帶領他度過那些年的是利物浦人民所體現出令人難以置信的社區精神，以及他對足球和支持球隊的強烈熱情。在一九七〇年代和一九八〇年代初期，利物浦足球俱樂部在歐洲表現出色的輝煌時代中，尼基竭盡所能地跟隨球隊，違反法律、露宿街頭，並想辦法混進火車、渡輪和體育場。

當我在第一次談話中使用「小混混」（hooligan）這個詞時，尼基對這個可能適用於他的想法感到憤怒。「我的身體裡從來沒有流著種族主義的血液。」（譯註：hooligan 一詞可能的來源是一個虛構的愛爾蘭人角色 Hooligan）當我聽到這句話時，第一個想法是覺得聽起來不誠懇。在他的回憶錄中，有一段讓人感到尷尬的段落，描述了他如何在一九七八年倫敦歐洲杯決賽前偷走一個「典型的比利時」門票兜售者的門票和護照。「……我所謂的典型是指他有常見的蒼白皮膚和一頭油膩的黑髮。事實上，他的頭髮看起來油膩到像是用人造奶油洗髮精洗過的，讓人聯想到患有厭食症的球員約翰・克魯伊夫（John Cruyff）。他用我猜是比利時人的語氣咕噥了幾句……」

在尼基看來，這段話是為了幽默，為了生動描寫他十七歲那年未曾旅行過又冷漠的自己。我並不完全這麼相信，但我明顯觀察到一點：與我在二〇一八年交談的那個人，和那個偷竊並與「典型比利時人」打架的少年，或該段落中敘述的其他任何事情都沒有關係。尼基・阿爾特之後成為出色的劇作家。他所寫的劇作《賽爾提克：音樂劇》（*Celtic: The Musical*），描述了那支成立於一八八七年的傳奇格拉斯哥足球俱樂部，旨在為蘇格蘭貧窮的愛爾蘭移民家庭籌集資金，現已成為熱門劇目，也將英國和愛爾蘭各地足球俱樂部的幾代球迷聚集在一起。

這種轉變如何發生？就是旅行，是他年輕時唯一可以或確實會考慮執行的旅行，跟隨他心愛的紅衫軍在歐洲大陸各地旅行，讓他接受了教育。如果不是因為尼基最初對足球的熱情，並跟著球員到處旅行，他可能不會發現自己從中獲益良多，並啟動旅行導致教育的良性循環，又導致了更多的旅行，如此持續下去。當他最終開始動筆並成為劇作家時，周圍一些人取笑他。但許多真正的夥伴，那些與他一起旅行的人，都鼓勵他。如果不是足球拓寬他的視野，誰知道他潛在的詩意天賦是否會受到啟發？我和他的想法都是，這個年少經歷扮演了決定性的角色。

「我認為我們（利物浦球迷）是第一群集體出發旅行的人，因為在一九七〇年代之前沒人能做到。利物浦從二十世紀中期開始就是歐洲最好的球隊，因為我們的球隊非常出色，讓我因此經常旅行。」

尼基的父母在利物浦出生長大，但都有移民背景——他母親是愛爾蘭人（她的娘家姓費根〔Fagan〕），父親則是斯堪地那維亞和義大利混血（阿爾特是挪威的姓氏）。「我是驕傲的混血兒，」他告訴我，「利物浦有點像游牧城市，這一直是它的美麗之處。利物浦人想看看這個世界。當我們在學校時，每個人都會討論紐約或羅馬，說著要去世界各地的城市。任何從紐約回來的利物浦人總會說：『我的天哪，紐約和這裡太像了！』約翰・藍儂搬到紐約定居時說：『我喜歡紐約的原因是感覺就像把十個利物浦放在一起。』利物浦從未將目光投向內陸英格蘭、謝菲爾德、曼徹斯特、伯明罕和倫敦。我們眺望大海、紐約、布宜諾斯艾利斯和印度。」

尼基於一九七八年離開學校，當時利物浦的經濟已經衰退，「但是還沒有被柴契爾主義摧毀」。他和一些隊友組成了一個「小幫派」，並跟著利物浦足球俱樂部到處征戰。「我們有點像足球吉普賽人；足球是我們的旅行通行證。」他們擅長偷偷混進船或火車。其中一個方法是把從純薩皮諾青年旅遊公司（Transalpino youth travel company）購買的票上手寫的目的地比利時，改成不同的終站：莫斯科、羅馬、那不勒斯、馬德里、慕尼黑或巴黎。他們會在不需要身分證明的情況下旅行。聽著尼基說的話，我突然想起奧地利作家史蒂芬・茨威格（Stefan Zweig）對第一次世界大戰前歐洲的描述，當時的歐洲幾乎沒有邊界可言，更不用說需要護照。

小時候，尼基被灌輸旅行只適合富人的觀念，就像現在一樣。他不同意。「如果你告訴我，『你不能去那裡，』我會盡我最大的努力去那個地方。我們會到達那裡——我去看了每一場決賽。」

尼基在如今移動到世界各地的移民和難民身上看到了同樣的精神。「無論是為了保命而逃離，或只是尋求比原籍國更好的生活，他們都在努力讓自己變得更好。人們總是不忘強調『難民』和『移民』。但對我來說，人就是人。」他特別用心地與他在利物浦及其周邊地區遇到的羅馬尼亞人和阿爾巴尼亞人交談：「事實上，這些孩子就是三十年前的我們。我們從來沒有錢，也沒有工作。我記得我們去倫敦或英格蘭南部時受到的待遇。我的感受如何？與這些孩子的感受並沒有什麼不同。」

◆

二〇一八年，我在蓋威克機場（位於英國倫敦）的男廁第一次見到傑若米亞．考迪爾（Jeremiah Caudill）。傑若米亞和許多游牧民族一樣，可以把任何洗手間當成自己家：他忙著刮鬍子，用智慧手機的喇叭播放音樂，還邊吹著口哨。我穿著夏天的西裝；他看起來像年輕的鱷魚先生（Crocodile Dundee，譯註：同名電影裡的角色）。當時比他更不自在的我不知道該怎麼啟動烘手機。我為了向前岳父母賠罪，正在前往突尼西亞的路上，要為我與他們女兒失敗的婚姻負起責任。當他突然前來協助時，我感到很驚訝。

傑若米亞只有二十多歲，但是身上散發出的成熟和熱誠讓人覺得有些不可思議。我們開始聊天。他正要從非洲的獅子山返回美國加州北部的家。他告訴我，他在那裡待了三個月「傳講上帝的福音」。我心想，「傳教士？這孩子不可能超過二十歲。」傑若米亞看起來腳踏實地又穩重，對事物充滿好奇又外向，能夠激發他人的信心。很久以後，當我們重新聯繫並最終在堪薩斯再次見面時，我發現所有這些特質都不是來自他出生的環境。

傑若米亞在邪教團體中出生和長大。他不記得該教是否有正確的名字，成員們將其簡稱為「集團」。根據他的描述，聽起來像是該組織有一半是中庸的美國基督教基要主義，一半是「愛國者」運動，其依據是所謂的郡縣至上主義，包括了(1)郡縣司法長官是最高執法機構權威，以及(2)美國政府對公共土地沒有權利，應該由地方控制。他的母親是教師，在他六歲時逃離了邪教和他的父親，與他和他的妹妹一起躲起來，在北加州、內華達州和奧勒岡州四處遊蕩，想辦法找到教學工作。

傑若米亞在家自學，他記得自己住在樹林裡的一個充滿愛的家庭，培養了健康而不止息的好奇心，促使他靠自己學習。傑若米亞十二歲時，母親黛比因為神經纖維瘤而行動不便，從那時起就只能依賴輪椅行動。在接下來的五年裡，他們在荒野深處的一間房子裡靠福利金維持生計，沒有電，甚至有兩年沒有自來水。在此期間，傑若米亞、母親和妹妹每月僅依賴兩百美元生活。

我偶爾也有左支右絀的時候，但在二十一世紀的美國，三個人每月靠兩百美元過活，聽起來很嚴峻。傑若米亞不這麼想，反而形容那些年是他一生中最幸福的時光，談到那段時光時，聲音有了變化。他真的這麼想。他們家很窮，但「情感上和精神上都很富有。我們生活在天堂。（北加州）到處都是大樹和原始湖泊，環境優美，我真心這樣覺得。」他們家離最近的城鎮和商店至少十五英里，去程一路下坡，所以騎自行車來回購買一週分量的雜貨需要幾個小時，他不得不在回程的半途搭便車。傑若米亞每天騎著自行車在樹林裡漫遊，在深潭中洗澡。「我釣魚，用我的點二二步槍獵捕松鼠，幫忙家務，並陶醉於無所事事的自由。」

到了晚上，傑若米亞會躺在廚房的地板上，攤開家裡最珍貴的一套書——二〇〇九年出版的《世界圖書百科》（*World Book Encyclopedia*），並在煤氣燈下閱讀有關核分裂或建築的文章。他著迷於技術和歷史。「我不喜歡固守成規的學校制度，」他告訴我，「我認為有更好的學習方式。多虧了那些晚上，我在真正旅行之前就已經神遊許多地方。我很感激在那種模式下長大。這樣的經歷任何事都難以取代。」

傑若米亞十六歲時，多虧了在家自學協會，參訪了西太平洋群島帛琉，該群島以一九八一年通過世界上第一部非核憲法而聞名。這次旅行帶給他啟示，快速增加了他對宗教和上帝的理解。他在太平洋島嶼上的那一個月，從生活在那裡的人民、動物和植物群中，接觸到了平靜和生活方式，使他覺察到他所謂的「對神聖的新概念。那次旅行在我心中激起兩個火花。一是我真的很想與上帝有密切的聯繫，二是我想看看這個世界和居住於其中的人。」

在接下來的幾年裡，傑若米亞在加州南部「漫遊」。「那些日子太棒了。大多時候，我不知道要吃什麼或要去哪裡過夜。」那次經歷永遠改變了他。陌生人會提供他住處和一頓熱飯，以換取他的一些手藝。「一切都發生得這麼恰巧。我並不總能得到我想要的，但我總能得到我需要的。」

他找到了住在科拉納的父親，那是一個距離玻利維亞首都拉巴斯以北三小時車程、沒有自來水的村莊。離開邪教後，他在那裡開了一家麵包店。傑若米亞開始把他在建築工地或搬家公司做工人所得收入的百分之二十存起來。到了二十三歲時，他已經存了足夠的錢，可以搭飛機前往秘魯的利馬，然後跳上一輛向東南開往玻利維亞的巴士。該鎮電力和自來水有限，但他的父親卻朝氣蓬勃。「我因此再次明白，不需要擁有很多才能快樂，」他笑著說。

傑若米亞最終往南走得更遠，一路到達布宜諾斯艾利斯，並在此時接到家中的緊急電話。「當我得知我母親遭到謀殺時，我人在阿根廷。」他們的家中失竊，她有時間報警，但警察逮捕竊賊時，他們已開槍殺死了她。不知所措的傑若米亞返國，處理與葬禮和小莊園有關的所有後續事宜讓他不致崩潰。在經歷哀悼的過程中，傑若米亞意識到，生命中最令人欣慰的就是愛別人並幫助他們。「我需要一個付出這種愛的出口。」

傑若米亞回到加州，在禱告中問上帝接下來該怎麼做。他及時得到答案，他應該去非洲。傑若米亞當時才剛看過一部以獅子山為故事背景的電影。他打了將近一年的零工，持續把收入的百分之二十存起來，直到存夠去首都自由城的旅費。傑若米亞告訴他的教會，他要去西非傳福音。他們非常喜歡這個主意，於是提供他額外贊助。

「獅子山之行可能是對我一生影響最大的三個月。入境那個國家時我心裡很緊張。我記得坐在飛越撒哈拉沙漠的飛機上；機上電視的顯示語言只有阿拉伯語或法語。我問上帝：『我在這裡做什麼？』」在情況好轉之前，可能會變得更糟。在自由城，當地人，尤其是年輕人，把他當成金主，不斷有人向他要錢。他一直解釋說，雖然他是美國人，但他很窮。可想而知，這無濟於事。

「我有生以來第一次體驗到成為少數人意味著什麼，偏見、誤解和自己的頭腦不斷告訴我，我不屬於那裡。我被搶劫和毆打過好幾次。」他說，要在這樣的環境中生存，「需要學習如何原諒，以及如何繼續」。

他在首都適應了新環境之後，又往更遠的地方走，來到安靜的博城，打算在那裡喘口氣。一到那裡，就開始收到當地政要想要吸引「外國投資者」的邀請。他也收到想聽他傳福音的牧師和傳教士的邀請。他所到之處，都為主人的慷慨所折服。即使是最小的村莊，他也會收到一隻雞或一顆鳳梨當作伴手禮離開。

上次我與傑若米亞交談時，他在黎巴嫩，正要前往巴林，仍舊在傳福音。我忍不住擺出一副高人一等的態度，告訴他要體貼、尊重和小心（在中東傳教很危險，在某些國家甚至會被處以死刑）。我應該更清楚，他確切知道自己的處境及如何應對。二〇一九年春天，傑若米亞在社群媒體上宣布他將重返校園。祝賀他的同時，我不禁想到，那時的他，漫遊世界已經讓他變得極為了解自己、善於處世、感恩和好奇。無論在何處，傑若米亞都能隨遇而安。

◆

我們經常以為，學習就只是打開一本書或聽一堂課時發生的事，但對於拉希德、尼基和傑若米亞，甚至阿布迪來說，環遊世界在建立學術教育上善盡了職責，或者甚至完全取代學術教育。他們的足跡展現了各種形式的游牧所擁有的不可思議優點，從長途旅行到散步，都是體驗式的教育。一次小旅行──去看足球比賽、搭便車、步行到家庭農場──通常會帶來更大的旅行，拓展他們的地理、學術、文化和精神視野。

這個時代的非凡之處在於，比起從前，世界各地的年輕人都更能理解遷移所帶來前所未有的教育優勢，尤其在與扎實的學術教育相輔相成時。而且，雖然以全球來看仍占少數，但是有愈來愈多年輕人參與其中。長期以來，受到我鼓勵走向世界的法國年輕人持續這麼做，並在各方面受益。遷移的最大動力是發現。去發現目光可及之外的事物，並挖掘旅行者的內心深處。我們是旅行的物種，從非洲的一小塊土地出發，直到遍布全球。我們的生存能力取決於快速學習的能力，而現在就像那時一樣，沒有什麼比遷移能讓你學得更快。

這些二十一世紀游牧族的特權來自移動，而非因為有特權才能移動。他們並非因為出身富裕才啟程飛往其他地方，而是因為啟程才感到並且真的享有特權。在過去的二十年裡，他們開始移動得更快，人數更多，而且正如我們即將看到的那樣，前往新的方向，並產生了有趣的新效應。他們或許並非因為出身富裕而啟程，但在很多情況下，啟程可以為致富掀開序幕。為什麼呢？

註釋

1. 接續擔任《國際先驅論壇報》的執行主編，後來成為總編輯，並最終成為聯合國負責全球傳播事務的副祕書長。
2. McIntosh, A. *Hell and High Water: Climate Change, Hope and the Human Condition*. Birlinn (2008).

第三章　向多邊遷移

一八八四年，在里茲的一個小市集裡，戴著帽子的女士們和穿著粗花呢西裝的男士們正在逛一間新開張的小型一分錢商店。該攤位出售的商品從領扣到釘子、行李箱到溜溜球，非常多樣。店主是留著鬍子的英俊斯拉夫人，眼睛深邃，留著短髮。若是顧客問起價格，他會指著一個寫著「不要問價格，均一價一分錢」的牌子。

麥可・馬克斯（Michael Marks）是俄羅斯出生的波蘭猶太人，兩年前從現在的白俄羅斯來到英國。他像許多移民同胞一樣，帶著僅存的微薄積蓄來到這裡，幾乎不會說英語。抵達後不久，他搬到里茲，聽說那裡一家名為巴倫（Barran）的公司會僱用猶太難民。

很快地，他與當地一家名為艾薩克・德惠斯特（Isaac Dewhirst）的批發店老闆達成協議，在附近的村莊出售他的商品，並借了五英鎊在里茲的柯克蓋特市場開設了第一個攤位。當時的時機再好不過：工人階級因為工資上漲，開始有錢買食物以外的東西。這些攤位深受工人及其妻子的歡迎。

結果非常成功，一八九三年，麥可・馬克斯得以在約克郡和蘭開夏郡連續開設幾個攤位。隔年，他與德惠斯特的收銀員、一位名叫湯瑪斯・史賓瑟（Thomas Spencer）的約克郡人合作，在里茲的一個有棚市場開設了第一個馬克與史賓瑟（Marks & Spencer，M&S，瑪莎百貨前身）攤位。他們一起在曼徹斯特、伯明罕、利物浦、雪菲爾、布里斯托和赫爾開設了商店。到了一九〇〇年，馬克與史賓瑟已經擴展為三十六個一分錢商店和十二個商業街區商店。

二〇〇九年，瑪莎百貨聲稱每週有兩千一百萬人進店。儘管瑪莎百貨在二〇一九年跌出富時一百指數（FTSE 100），但在全球仍有一千五百一十九家門市，員工超過七萬八千人，收入達一百零二億英鎊，仍然是英國企業代表。時至今日，仍然可以在瑪莎百貨找到馬克斯當初在一分錢商店中出售的許多物品。

有人會說馬克斯的故事為遷移做了最好的示範，體現了當移民移居時對社會或經濟產生的積極影響。在大部分情況下，移民是企業家、拚命三郎、騙子。如今的移民企業家增強了像馬克斯這樣受歡迎的形象，例如 WhatsApp 創始人簡・庫姆（Jan Koum）、紅牛創辦人迪特里希・馬特希茨（Dietrich Mateschitz）或麗貝卡・埃農瓊（Rebecca Enonchong，以她的推

特帳號 @AfricaTechie 而聞名）。統計數據證明了這一點。在美國，移民「占該國企業家的百分之二十七．五，但僅占人口的百分之十三」。[1]

我們的全球文化喜歡講述的移民企業家故事有其問題，就像英雄旅程的神話以及整個美國夢都存在著局限一樣。馬克斯的故事非常獨特。全球文化傾向於讚揚個人，並假裝馬克斯這樣的故事重點在於獨創性和努力工作，也因此在國家和全球金字塔底層的許多人會對那些位於金字塔頂端的人感到相當憤怒。畢竟，瑪莎百貨只有一家。但他在地理上的軌跡代表了從十九世紀初到二十世紀末持續了兩個世紀的遷移模式。在這段時間，遷移相對單向。人們從南方遷移到北方，或從東方遷移到西方，從所謂的發展中國家遷移到更發達的地區，到了那裡竭盡全力謀生。那些向南方或向東方遷徙的歐洲人則帶有殖民者的身分。

整個十九世紀，英國、法國、美國和德國成為備受推崇的目的地，到了二十世紀，迎頭趕上的是澳洲、加拿大、紐西蘭和阿根廷（一九一三年，阿根廷是世界上人均第十富有的國家——主要是由於剝削彭巴草原富饒的土地）。移民湧向這些國家，是因為他們如果努力工作，就能為自己和家人創造新的生活。在一七九三和一八五〇年的第一波移民潮中，來自英格蘭、蘇格蘭和愛爾蘭的近二十萬名自由拓荒者和受援助的移民，選擇遷移到被稱為「騎在羊背上的土地」的澳洲。其自然資源（在本例中為牲畜）為新移民提供高品質的生活。

在美國，「美國夢」提供許多移民在自己國內沒有的政治和經濟自由。直到現在，有些情況並沒有太大改變。根據二〇一八年的估計，如果有機會，將有超過七億五千萬人跨國際遷移；[2]而，加拿大、德國、法國、澳洲、英國和美國（從歷史上到今天都遙遙領先的遷移目的地）仍是人們會用腳投票的首選國家。

但過去幾十年還是發生了一些前所未有的轉變。從通訊到物流各方面的技術進步，以及貿易增長和航空旅行費用降低（貨幣方面，肯定不是生態方面）的推動下，遷移正成為一種多邊現象，愈來愈多來自各地的年輕先驅遷移到各地，關鍵是有來有往。

◆

環遊世界較之以往前所未有的容易，儘管還是取決於旅客的原籍地、性別、宗教、護照和膚色而有所差異。[3]然而在半個世紀前，這還是大膽的策略。如果你離開歐洲前往美國，要回頭並不容易。如今，如果你搬家——今天可能是從達卡（孟加拉國首都）到上海或從喬治亞到印尼——並且由於某種原因遷往南方，回家的路要容易得多。儘管亞洲和非洲的許多人仍然很難離開家園，但直到最近才被稱為「新興國家」的南半球多個國家，現在毫無疑問已經開始嶄露頭角。其中，所謂的南南遷移（South-South migration），尤其是鄰國之間的遷移，正以驚人的速度增加。本章所討論的是社會和國家層面的遷移拉力——強大而令人興奮的經濟所產生的拉力。

在世界各地，無論是在貧窮國家，還是在更富裕、蕭條的國家，年輕人都意識到，或許在國外能比在國內找到更好的機會。新游牧族的旅程往往始於自我提升的事業。你可以在巴西巴伊亞州的薩爾瓦多從事銷售工作，在雅加達當設計師，在波蘭或約旦擔任科技企業家，在北愛爾蘭成為有天賦的美髮師，在安哥拉擔任厲害的汽車修理師，或者只是在美國的某個小鎮製作一個普通的漢堡；無論身在何處，最好將你的技能帶到一個更能夠發揮真正潛力、同時又使當地受益的國家。在像海得拉巴（印度）、檳城（馬來西亞）、馬布多（莫三比克）、麥德林（哥倫比亞）或美景市（巴西）這樣的地方，流行的漢堡店和時髦的美髮沙龍相對缺乏，你有機會很快就會成為成功的企業家，經營不只一家生意。

愈來愈多來自世界各地的年輕人不再感覺受困在家鄉，而是去看看世界其他地方能夠提供些什麼。這些先驅已經是全球整合的關鍵媒介，具有非凡的潛力，能夠推動社會、經濟和政治的變革。這種遷移的主要驅動力是經濟，但我們知道，一旦獲得一定程度的購買力和舒適度，幸福感就會停滯。[4] 由此觀點出發，可以從我與當代游牧族的對話看到，移民的內在旅程取代外在旅程，目標變成在更深層次上改善生活，而不單只是累積財富。做法可以採取多種形式，但通常涉及與他們自己、他們的社群和自然的連結。在執行的過程中，他們成為更可持續、立足本地、全球倫理的媒介和創造者。

每天早上八點左右，一名高大英俊的男人離開位於布魯克林的綠點區公寓。在快速停下買了一塊白麵包和一片香蕉核桃麵包後，他搭乘地鐵E線前往曼哈頓市中心，開始「朝九晚九」的工作。在上班途中，他分心查看餐廳前一天的銷售情況和各個經理的報告：按類別、銷售人員、商店、消耗量、食品成本、提供的促銷活動。一切都在他的指尖。

納維德（Naveed）是巴基斯坦人，但在阿聯酋出生長大，他的妻子阿妮莎（Aneesa）也有巴基斯坦血統，但在密爾瓦基（威斯康辛州）出生長大，兩人都在紐約市擁有位高權重的工作。他是野村集團的投資銀行家，而她是藍地（Blueground）的聯合創始人（第一批員工之一），藍地是最初由希臘人在杜拜創立的房地產新創公司。但阿妮莎和納維德另外也有自己的生意。他們是小型連鎖休閒餐廳披薩派（Pizza Pie）的老闆，專門供應芝加哥風格的深盤披薩。餐廳推出幾年後，他們已經擁有三十五名員工，但餐廳跟員工都不在紐約。連鎖餐廳位於坦尚尼亞的三蘭港，大多數員工也是如此，但並非全部。披薩派在烏克蘭、菲律賓和印度也有員工。如今，製作美味的披薩需要全世界一起努力。

長期以來，像中國這樣的國家一直忙於展示自己的軟實力，並在全球最受歡迎的移民目的地排名中上升，吸引了許多在二十世紀不會考慮去那裡的人。但另一個同樣引人注目的現象是，不久前完全受到忽視的快速成長的中型國家正在吸引想要迎合其快速增長的中產階級的人才和企業家。坦尚尼亞就是這樣的地方。

納維德的父母出生於巴基斯坦的喀拉蚩。他的父親是九個孩子中的一個，出身卑微，但用功讀書，並在二十一歲時獲得會計師的執照，成就相當難得。過不久，他與阿拉伯聯合大公國的跨國電信公司阿聯酋電信（Etisalat）簽訂為期六個月的合約，很快便創辦了自己的公司。而納維德就在杜拜這個永無止境的建築工地的景象和聲音中出生長大。

與大多數移民的情況一樣，身分是納維德年輕時會遇到的問題。出生在阿拉伯聯合大公國並不會因此成為公民。「該國的極大石油財富由當地人口共享，因此公民權受到嚴格保護，我可以理解，」納維德說，「但如此的結果是，不存在中產階級。不是來自歐洲或美國的移民和他們的孩子被視為二等或三等人。」

由於納維德的父母自己從教育中受益匪淺，因此深信教育的重要性。他們為了把孩子送到私立學校，做出許多犧牲。「杜拜是大英帝國的一部分，你仍然可以從我們所學的內容中感受到英國的影響力和世界觀，但學生來自世界各地：印尼、日本、荷蘭、美國，」他回憶道。這種多元讓納維德察覺到杜拜以外的世界。「這種察覺改變了我的一切。我從小就感覺到我的未來在他方。」

讓納維德耿耿於懷的是他比學校裡的外籍孩子更窮，這也激發了他所認為的典型巴基斯坦特質：「巴基斯坦到處都是企業家。這種特質存在於我們的血液中。為別人工作就像當僕人一樣。」他想感覺像個普通孩子，所以他換了一種方式：「我立即開始拚命賺錢。一開始是貼紙書，之後則是電玩。我試圖從學校買比較便宜的東西並在分類廣告中出售，或者從分類廣告中購買並在學校出售。」

高中時，他申請了英國和美國的大學，最終在洛杉磯的南加大學習商業金融。他在美國時，為了維持生計，開始在網上交易外幣，於是興起了為交易員創建應用程式的念頭：「二〇〇九年，智慧手機開始流行。我有一個想法，那就是開發一個應用程式在 iPhone 上傳送新聞，用戶就不必坐在桌前上網。」這是他第一次與人遠端合作。「我與巴基斯坦的一名工程師透過 Skype 建構了該應用程式。我們從未見面，一共花了四個月的時間。」

這個企劃讓他初次嘗到創業成功的滋味：「我在應用商店裡上架這個程式，取名為 iEconcalc——顯然，行銷不是我的強項——我定的售價只有一．九九美元。接著我發現，這個應用程式非常小眾，而且因為使用者是大銀行家，所以可以提高價格。我可以看到誰下載這個程式，而且得到極佳的評論。長達好幾年，我因此月入五百美元。」但他需要的不只這些，所以他轉向輔導：「我輔導比佛利山莊和中南部（洛杉磯臭名昭著的地區）的學生，中南部的那些孩子身上布滿了紋身和穿孔，想要逃離當地。這是一所特別的生活學校。」他還有其他工作：在義大利餐館當服務生，也在書店和菸草製造商工作。

納維德於二〇〇八年畢業時正好遇上金融危機爆發。他回憶說：「當時企業大量裁員，而且沒有人僱用外國畢業生。我拿到一年的工作簽證，留在美國的唯一希望是找到雇主讓我獲得長期簽證。」但他的願望並未實現。當時，杜拜已經聞名全球，這要歸功於阿聯酋航空公司、法老式的房地產建設和豪華的購物中心，不僅有商店，而且還有室內滑雪等荒謬活動（這座城市有醜惡的另一面，被綁架的公主和工資過低的工人在五十度的高溫下輪班工作十四小時，而這仍是不為人知的祕密）。納維德決定搬回家鄉。「實際上，那是我唯一的選擇。杜拜更加多元，工作更複雜。我很幸運。」六個月後，他在安永會計師事務所（Ernst & Young）找到一份工作，而這份工作最終讓他回到美國。

在這段時間裡，他在交友軟體 Tinder（該軟體是由伊朗移民到洛杉磯的猶太人後代創立的）上遇到了阿妮莎。她因為參與美國國際開發署的公共規劃發展計畫而到非洲大陸旅行，並開始發覺非洲的潛力。之後，身為科技創業家的她在該地區為火箭網（Rocket Internet）工作，這家德國風險投資公司成功在新興市場從頭開始複製了他國企業的業務。兩人見面時，她從家族取得投資資金，並決心在坦尚尼亞建立一家食品企業。他們交往一段時間後，她告訴納維德她的想法，納維德加以贊同並願意提供協助。他遠端開發應用程式的經驗派上用場。他設計商標，在中國採購廚房設備，與開發人員合作開發客製化的會計系統，並開設了他們的第一家餐廳。

事情一開始並不順利。「儘管銷售額不錯，但還是虧損。」納維德前往坦尚尼亞試圖找出問題，很快就發現有幾個不肖員工從收銀台偷錢。他利用自己隨機應變的能力讓一切得以從遠端操作，並將這家小企業變成全球企業。「我和我在網路上找到的烏克蘭人和俄羅斯人一起使用遠端操作的攝影機，創建控制系統。我找到一個印度人來建立銷售時點情報系統。透過我在杜拜的管家，我聘請菲律賓人來分析每家餐廳的攝影機鏡頭，以計算製作的披薩數量，並將其與銷售時點情報系統中記錄的數量比對。與此同時，除了廚房設備之外，我還在中國採購印有餐廳名稱的氣球、冰箱磁鐵、送貨袋等等。我在肯尼的奈羅比印刷自己的披薩包裝盒，因為那裡的機器和製造品質比三蘭港更好。」

從另外一個國家經營企業會產生許多特別情況：「你必須面試更多人，並無情地測試他們。經過一段時間的運作，我們還建立一個階層等級，其中包括每家分店的組長和協理，以及廚房中的助手和助理廚師與主管廚師。最重要的挑戰，也許是不容易從遠距離建立同志情誼，但我們在坦尚尼亞的總經理達馬里斯（Damaris）毫無疑問是塊瑰寶，他是這方面的王牌。」

納維德除了每天瀏覽前一日的銷售情況和日常互動之外，每個月都會與所有經理召開一次電話會議。阿妮莎則更專注於策略。這對夫婦如今在三蘭港擁有三家遠端經營、本地管理的餐廳，以及一個愈來愈強大的品牌。「我們真正要創造的就是品牌。我們的典範是葡式烤雞連鎖店 Nando's（南非）和美式漢堡連鎖店 Shake Shack。」兩人正在考慮下一步要去非洲的哪個地方。當我詢問納維德身為移民的軌跡如何影響他經營企業的方式時，他停頓並思考，然後回答：「就是現在這樣，我終於在美國成功了！但在某種程度上，我真正的美國夢，嗯……在非洲！」

就像瑪莎百貨的馬克斯一樣，納維德和阿妮莎透過將創業火花應用於正確的地理環境，將其轉化為成功。納維德年輕時在美國從事過許多工作，因此能夠體驗各式各樣的經歷——從在洛杉磯中南部輔導人們到開發應用程式。驅使他的動力是經濟上的成功，但更進一步來說，這一切的核心是自我實現的預言。那些勇於周遊世界、在阿拉伯聯合大公國和美國安家的人，也是那些有可能開始創業並取得成功的人。促使這對夫婦在坦尚尼亞開店的那種尋求機會的精神在納維德第一次到美國留學時發揮了作用，甚至更早，當他身為阿拉伯聯合大公國移民的兒子從分類廣告買東西到學校兜售時。遷移吸引了某種類型的人——勇敢、無畏、善於抓住機會並利用人際交往能力充分發揮的人。遷移也為他們帶來回報。正如納維德和阿妮莎所展示的，若是靈活處理家的概念，企業家可以在任何地方開展業務。

⟡

納維德和阿妮莎並不是唯一在坦尚尼亞開店的外國人。瑪麗．恩格森（Marie Englesson）成長於瑞典東南海岸的小農村阿胡斯，在那裡很少有人立志創業，即使有，地點也很少會是非洲。

在十九世紀和二十世紀初，宗教和社會保守主義，以及人口增長和農作物歉收，導致令人瞠目結舌的結果：有多達一百三十萬的瑞典人（約占該國人口的四分之一）到美國尋求更好的生活，其中大多數人最終在中西部從事農業或工業工作。生活於二十一世紀的恩格森獲得獎學金到美國深南部的一所大學就讀一年後，也踏上類似的旅程。從那以後，她在非洲度過許多年，經歷大量的文化交流，但她記得喬治亞州是「我生命中最大的文化衝擊之一，比我在非洲遇到的任何事情都更顯著」。

儘管瑞典的社會民主力量被同樣強大的個人主義和資本主義特色大幅抵消，但在瑪麗成長時期，社會的創業精神並沒有那麼發達，尤其在大城市之外，而且與瑪麗在美國所見到的不同。她住在美國聖經帶一個相對偏遠的小鎮，但每個人似乎都有事業。「我借住的那個家庭經營一家製作掃帚的小公司和小酒館。我真的受到感動，覺得我也可以創業。」主人的慷慨和熱情也打動她。「他們是真正可愛、熱情的人。瑞典人往往有點疏遠，讓人不那麼愉快。」

其他事情她就不那麼熱衷。瑞典沒那麼在意宗教（瑞典人有時會成群結隊去教堂，但據我所知，主要是為了唱歌——瑞典人喜歡教會詩歌）。在喬治亞州，無論瑪麗走到哪裡，遇到的破冰話題似乎都是「你去哪個教會？」「我不反宗教，但在喬治亞，有信仰意味著反對演化論。這非常違背我的理解。」但讓她徹底失望的是另一件事：「種族隔離。有色人種和白人幾乎不聯姻，有些人是炫耀近乎自豪的種族主義者。即使程度不那麼嚴重的人，也無法想像我和黑人約會。這種事竟然發生在二〇〇一年！」這讓瑪麗下定決心，她的未來在他方。

我於二〇一六年遇到瑪麗時，她正在坦尚尼亞經營知名的化妝品連鎖店，這是她從無到有一手創建的。她的父親十三歲就輟學，從跑腿的男孩變成食品配送公司的採購。她的母親是高中教師。童年時，她對更廣闊世界的看法更加受到一位朋友的祖父（曾是傳教士）和另一位朋友的父母（曾是外交官）的影響。她到達美國時，已經在法國生活六個月，決定要在國外生活。後來，在印度、馬來西亞和中國的一系列實習讓她相信，發展中國家比「停滯不前」的歐洲更有活力。大學畢業後，瑪麗加入來自瑞典的電信公司米利康（Millicom），並在塞內加爾、剛果和盧安達待了一段時間，認為那裡的環境充滿活力又迷人。「你很容易就可以自由地從無到有建構一切。只要是建設者，就會受到熱烈歡迎。」

雖然許多西方人和亞洲人認為非洲飽受摧殘又貧窮，但對瑪麗來說，這是看到杯子半空的典型範例。她並非理想化非洲，而是將非洲和非洲人的活力和韌性視為獨特的資產，並對其產生深厚的感情。「從我在歐洲時提出的問題來看，你會認為整個非洲要麼是一座巨大的野生動物園，要麼是充滿苦難和部落戰爭的海洋。這就像只以大規模槍擊事件的稜鏡來看待美國，」她說。瑪麗覺得非洲是地球上最令人興奮的大陸：「我喜歡事情沒有結構，也不完美。在某種程度上，肯定是混亂吸引了我。在非洲，我感覺自己活著。」

經過幾年的漫遊，她發現坦尚尼亞市場的一個空缺挑動了她的女權主義神經。坦尚尼亞女性只能在市場上買到專為白皮膚設計的美容產品。二〇一一年，瑪麗靠著自己的力量在三蘭港站穩腳跟，「為坦尚尼亞女性提供非白人女性的化妝品，在解放坦尚尼亞女性的過程中發揮了恰如其分的作用。」二〇一二年，她推出自有化妝品牌艾索可（Atsoko，意指「在市場」，源自單詞 sokoni，在史瓦希里語中意為「市場」）。二〇一六年，英國與肯亞混血退役軍人羅伯特・哈欽森（Robert Hutchinson）在皇家砲兵（Royal Artillery）三次駐紮任期獲得少校後，剛好辭去職務，並在三蘭港找到工作。同年，哈欽森和瑪麗透過朋友相識，兩人很快墜入愛河。二〇一七年十二月，瑪麗出售艾索可，與羅伯特一起搬到奈洛比休息，專注於撫養他們期待已久後出生的兒子。

瑪麗的故事表明，遷移本身就能將人們轉變為企業家類型。瑪麗並非來自崇尚企業家精神的地方，搬到坦尚尼亞也不是為了創業。瑞典有許多公司，經濟更有規範但缺乏活力，正如她所說，更難以從頭開始建立一切，比較缺乏發揮的空間。而在坦尚尼亞，因為商業基礎設施不發達，瑪麗能夠開拓自己的利基市場。此外，離開安全舒適的出生地，旅行到世界的另一端，面對選擇交往對象受到的指責，最終定居在她身為少數種族的地方，這所有經歷重新建構她的性格。她因為這段旅程增強的獨立性、彈性和堅韌，正是企業家的關鍵特質。從瑞典農村搬到三蘭港是改變生活的大事。當你知道有能力處理；當你知道，事實上，自己在這種變化中得以茁壯成長，創業就沒什麼大不了。

⋄

我最後一次與桑・文傑薩米（Son Vengetsamy）交談時，他將我們的語音通話切換為視訊通話，以向我展示景色。他站在一座被亞馬遜森林環繞的高樓上。地點是巴拉圭鄰近巴西邊境的東方市（Ciudad del Este），而他在巴拉圭的第二家餐廳祖魯（Zulu）即將在此開幕。第一家餐廳已於二〇一八年在首都亞松森（Asunción）大張旗鼓地開業。這些並不是桑第一次涉足餐飲業，但其他餐廳位於地球另一端的三蘭港。桑的軌跡證明地理流動也是一種解放的好方法，它象徵著一種不那麼受人關注的遷移，卻可以說是我們這個時代成長最快的移民趨勢——南南移民。

大約與一八九三年甘地從孟買啟航前往南非德班的同時，拉文德拉．文傑薩米（Ravendra Vengetsamy）的曾祖父母也踏上同樣的旅程，並在大多數印度人於非洲居住的沿海城市定居。他的父母非常想要男孩，所以一直生孩子，直到實現這個願望。他出生時父親非常高興，不斷重複「兒子」（son）這個詞，以至於從他記事起，大家都叫他桑。

桑的童年很悲慘。「因為種族隔離的統治，南非經歷了艱難的時期，但人們總是會想辦法適應當下的情況。我並非每天早上醒來都想著這不公平。我不知道其他國家的情況。」我想到丹尼爾．保立（Daniel Pauly）推廣的基線移動（shifting baselines）概念（這個詞語用於解釋原本被視為正常的定義如何隨著每一代而變化）。桑的痛苦另有來源。他的父親是容易暴怒的酒鬼，為了擺脫困境，不斷帶著家人從一個地方搬到另一個地方，但總是徒勞無功。「我們不會在收拾行李搬家的時候問他原因，」桑回憶道，「因為害怕會遭到毆打或丟下。比起我們，他更愛妓女。」桑十三歲時，有一天父親要他第二天早上去開店門。「我問：『為什麼，你要去哪裡？』他只是回答：『我不會在附近。』」那天晚上父親自殺時，桑聽到了槍聲。

桑的學業表現並不出色，於是在十七歲時輟學開始找工作。一位朋友告訴他，位於附近購物中心的馬刺牛排牧場（Spur Steak Ranch）需要服務生。那間連鎖餐廳是南非的美洲原住民主題餐廳，類似於美國的多比卡佛利（Toby Carvery）或蘋果蜂（Applebee's）。桑和鄰居借了五蘭德搭公車，提前九小時到達面試地點。「這是我第一次進入這麼大的購物中心，我看到周圍有太多白人，代表所有東西都會很貴。我連零食都買不起，所以在完全沒有進食的情況下強打起精神。」他的耐心得到回報。面試他的人發現他在外面等了一整天，感受到他的決心而當場錄用他。對方告知他隔天要穿黑鞋來，但他沒有黑鞋，只好把舊鞋塗黑。

桑在第一份工作中非常賣力，表現優秀，一個月賺了超過一萬五千蘭特（相當於八百英鎊）的小費。他迅速晉升，並因為餐廳承諾他進一步晉升的機會，而接受需要花費七小時車程、位於首都普利托利亞的另一家馬刺餐廳的更高職位，並且更加努力工作。不幸的是，他的新老闆很糟糕。「我只能說，他讓我知道，永遠不要成為像他這樣的老闆！」一個星期三下午，他接到了一位黎巴嫩女性娜丁（Nadine）從三蘭港打來的電話，她也在馬刺連鎖餐廳工作。她藉由口耳相傳聽說了他孜孜不倦的奉獻精神，並為他提供機會，在一家新的馬刺餐廳工作。桑立刻答應，但是，「這個叫做三蘭港的地方在哪裡？」

馬刺連鎖餐廳往國際擴張並非特例。像夏普萊特（Shoprite）這樣的南非特許經銷商，長期以來一直是南非家喻戶曉的品牌，人們每週從全國數百家商店中採購生活用品，現在已經擴展到整個非洲大陸，是南南經濟發展和遷移的其中一個原動力。

這就是桑在某天晚上抵達坦尚尼亞的原因，他抵達時甚至沒有足夠的錢支付簽證費用（娜丁不得不把現金托給某人讓桑得以離開機場）。在三蘭港的前六個月，桑每天輪班工作十四到十六小時。第一次休假時，他吃了三明治慶祝，然後睡上一整天。兩年後，桑接管這家餐廳，在該職位上又努力了七年。在那段時間裡，他在鄰國肯亞的另一家餐館工作時遇到身材高挑的瑞典美女漢娜，並愛上她（她在聯合國兒童基金會工作）。他說服她和他一起搬回三蘭港。成功來之不易，但他們最終接管卡蘭貝齊咖啡館（Karambezi Café），這是一家位於懸崖頂上的美食餐廳，可一百八十度欣賞印度洋的壯麗景色。當我去見桑和漢娜時，也拜訪了娜丁的辦公室。娜丁現在是毗鄰的海崖飯店（Sea Cliff Hotel）的總經理，仍然對以前的門徒讚不絕口：「如果不努力工作，就無法在飯店業成功，但是桑獨樹一格。」

餐廳的好景觀伴隨著巨額的店租，有很長一段時間，漢娜和桑都很辛苦。馬刺餐廳的一位老顧客雷內（Rene）是巴拉圭電信行業的博學之士，最終借給他們所需的資金，幫助他們度過艱難的開業時期（他對我們來說就像一個好聖人）。幾個月後，他們的營業額翻倍，並繼續成長。桑和雷內開始討論開設分店。地點決定在巴拉圭之前，兩人曾考慮在緬甸開餐廳。他們仍在考慮進一步擴張，但可能會留在南半球。「許多人幻想在美國或歐洲開設分店。就我而言，那裡的市場過於成熟。我的長處是從頭開始構建事業。」

桑對此直言不諱：「我進入餐飲業是因為需要工作，但從未真正將其視為職業。我對人有熱情。與其對他們來自哪裡感興趣，不如說我想要知道他們要去哪裡以及幫助他們到達那裡。培訓像我這樣的移民，讓他們發揮最好的一面。從我的角度來看，南方有更多的潛力、需求和渴望，」他笑著補充。

桑說得對。他和瑪麗一樣，知道像他們這樣有進取心、雄心壯志並準備在南半球挽起袖子的人有很多事情要做。但是，她從北半球開始，而他的軌跡代表了人們不曾注意但快速成長的南南遷移。這種遷移不受經濟學家關注，也不會激怒選民並讓民粹主義者在西方掌權。但它代表了溫室氣體排放量最少的國家（非洲占全球排放量的百分之四至百分之五）發展的關鍵槓桿。

◆

移民不再像長久以來，只是單向的移動，但它仍然一如既往地受到機會的驅動。隨著時間一天天過去，愈來愈多人從過去被認為是全球「核心」的國家遷移到外圍國家，以及在核心國家內部移動，或者從外圍國家的一處遷移到另一處。這些人類遷移流動正在發生革命性變化，並預示著全球化故事的新篇章。儘管如此，無論人們遷往何處，經濟因素都是部分原因。人到哪裡，錢就跟到哪裡。如我們所見，正因為如此，遷移含有創業精神。如果，當我們說「企業家」時，不是單純描述「創業的人」，而是描述有進取心、有能力建立網絡、自主創業、敢於冒險和獨立的人，那麼我們可以說，所有移民其實都是企業家。遷移的人看起來生來就具有企業家性格；此外，遷移的經歷可能發展出潛在的創業傾向。

這對每個人來說都是好消息，最好因此加以讚揚。成為移民需要金錢、毅力和勇氣，而選擇這樣做的人從來都不是原籍國中資源最少的人，這就是為什麼花費在阻止人民遷離國家的外援會產生反效果：幾乎所有以前的貧窮國家遷出移民發展成功的數量都增加，而非減少。[5]

總的來說，移民也更健康、更快樂。將此與一再顯示企業家和自僱者比受僱者更快樂的研究相結合，可以得到正向的結論。這自然對經濟有利，代表政府的稅收增加，代表著更多工作、新貨物、新服務、更好的教育，以及因為口袋裡有更多現金而帶來的所有相關個人利益。

這些財務上的正向因素也讓身為社會一分子的我們可以感到自豪，更重要的是，因而團結起來。如今，左派可能會發出一篇糟糕的文章，將商業世界描繪得傲慢、浪費及沒有人情味，甚至到了剝削的地步。歷史上，商人的家園一直伴隨著政治權利——更少的國家干涉、更大的個人自由、更少的創業障礙。但是，今天，許多西方國家的右派花費數十年時間，發展出一種對移民充滿敵意的描述，通常是為了爭取基層人民以憤世嫉俗的方式支持。左派和右派之間的文化鴻溝似乎愈來愈難以彌合。不過，遷移的故事或許提示了團結分化國家的方式。

透過移民的鏡頭看商業，會出現一個將左派和右派聯合起來的樂觀故事。在當今許多如瑪麗和納維德的移民中，我們看到兩種理想的結合：和他人團結一致及左派倡導的頌揚多元，與右派所崇尚的充滿活力、打破傳統的個體狀態結合在一起。移民必然會培養活力和創造力——處於沒人認識你的新環境中時，需要盡可能利用所有的資源。他們天生好奇，而且最好的情況是善用機會——正是這種特質使他們成為企業家，對所移入的社會也是一種資產。但同樣地，移民也必然意識到身分和認同核心的二元論。即使移民意識到自己與其他人有多麼不同，也不能不承認我們也非常相似。

註釋

1. The Kaufmann Reports via hbr.org/amp/2016/10/why-are-immigrants-more-entrepreneurial
2. https://news.gallup.com/poll/245255/750-million-worldwide-migrate.aspx
3. https://publications.iom.int/system/files/pdf/wmr_2020.pdf
4. https://www.nature.com/articles/s41562-017-0277-0#:~:text=Globally%2C%20we%20find%20that%20
5. Clemens, M., and Postel, H. *Deterring emigration with foreign aid: An overview of evidence from low-income countries*. *Population and Development Review* 44 (4): 667–693. Wiley-Blackwell (2018).

第四章　離開的力量

我必須離開並活著，或者留下並死去。

——莎士比亞，引自《羅密歐與茱麗葉》

陌生的城市是件好事。你可以假設在那裡遇到的人都是好人。這是夢想的時間。

——路易—斐迪南・賽林（Louis-Ferdinand Céline），《茫茫黑夜漫遊》（*Journey to the End of the Night*）（譯註：原文為法文 *Voyage Au Bout De LA Nuit*）

品川夏野很像是村上春樹或米凱・布爾加科夫（Mikhail Bulgakov）小說中的角色。我彷彿看到她在《大師與瑪格麗特》（*The Master and Margarita*）中一路跟著魔鬼和他的貓到莫斯科，或者在《海邊的卡夫卡》中與田村卡夫卡閒逛。她的經歷揭示了從一個不「移民」的國家移民的樂趣和複雜。從本質上講，夏野是探險家、先驅和給予者。她適應新的文化和地域，學習四種語言，在其中成長，並以無數方式為她所遇到的人們做出生活貢獻。雖然她只有三十三歲，但她的精力卻超越年齡。

她所屬國家的未來在很大程度上取決於像她這樣的年輕日本冒險家。新加坡國父李光耀曾表示，日本「正步入平庸」，因為老年人口不斷增加，卻不願開放可以讓高齡化人口重振旗鼓的移民。事實上，沒有穩定的移民和移民流動的國家，其未來看起來很黯淡。移民並非憑空發生，而是伴隨入境的人所產生。對於像日本這樣的國家來說，移民是開放和更新自己的機會。

夏野來自栃木縣的普通家庭。從東京往北約兩小時火車車程可達融合傳統與現代文化的栃木縣。這是非常古老的日本鄉村，有連綿起伏的綠色山丘和稻田，「每隔一段時間，就會在其中一塊田裡刻出一張巨大的凱蒂貓臉。日本限定！」

夏野的童年自由自在。由於父母都是教師，她描述其家庭「充滿智慧的活力」。父母鼓勵她和兩個兄弟對政治、全球暖化和動物福利等嚴肅話題感興趣。「他們教會我們忠於自己的熱情，並在關心的事中找到工作。」

這家人每年都會訪問她父親在京都北部偏遠地區的家鄉兩次，讓她接觸到更傳統的日本生活方式。在那裡，她接受祖母的指導。祖母是茶道大師，教授年輕女性表現合宜的舉止，進行茶道。身為唯一的孫女，夏野被迫參加數百節有關日本傳統文化的課程，也被迫學習烹飪傳統菜餚並協助打掃。「我祖母只是想讓我變得『有女人味』，但我不喜歡那些女孩的東西。我更喜歡看書或在戶外玩耍。這就是他們生活的方式。從那以後也沒有太大變化。幾年前，我所有的親戚聚在一起討論，如果我在非洲結婚，並帶丈夫回家會發生什麼事。他們不是種族主義者。他們是好人。他們只是沒有出過日本，也從未接觸過其他文化。」

夏野的父母思想開放得多，但他們都沒有護照，除了偶爾探親外，也不在日本旅行。她的兄弟也同樣與世隔絕。一個從未離開日本；另一個唯一出國原因只是她所說的「典型的日本蜜月旅行：一週遊玩三個國家，在地標前拍下很多照片。你知道的，打卡留念。」

夏野不一樣。從很小開始，她就被其他文化所吸引，特別是非洲大陸。「我們在電視上看《動物星球》之類的節目，當非洲出現時，我會很著迷。」身為年輕女性，她回憶起在外國做的一個專案。其他孩子大多選擇中國或韓國；最大膽的是美國或歐洲大國。夏野卻選擇加納，這是她在圖書館裡唯一能找到參考書籍的非洲國家。

夏野的第一次海外經歷來自於她十三歲時的作文比賽。因為獲得獎勵，她能夠前往美國阿拉巴馬州，並住在寄宿家庭。她幾個月前才開始在學校學習英語，所以除了電影中看到的以外，美國文化對她來說完全陌生。她的寄宿家庭帶她去看電影、上餐館，當然還有教堂。她把旅途中的所有紀念品都放進一個盒子裡。

「幾年後我找到那個盒子，」她回憶道，「仍然是一段美好的回憶。我保留了一些蠢東西，比如麥當勞的一根吸管、去那裡的登機證、教堂的一支筆。像大多數的十三歲孩子一樣，我才剛開始考慮可能想過什麼樣的人生，但我已經知道想去旅行，去看看不同的地方和不同的人。我無法想像自己會像祖母一樣一直住在同一個村莊裡。我想看看這個世界並學習，打從心底需要離開。我知道自己面臨的第一個挑戰是說好英語。我們日本人很容易因為說不好英語而裹足不前，這很可怕。我找到一所學校，和澳洲的學校有交換計畫。我的父母幾乎無法負擔費用，但他們做出犧牲，讓我得以出發。上帝保佑他們！說英語為我打開許多大門。我認為這是我學到最重要的一件事。」

非洲仍然是最終目標。高中畢業後她選擇去東京市中心的名校早稻田大學，因為它是日本為數不多提供與烏干達首都坎帕拉馬凱雷雷大學（Makerere University）交換計畫的學校。夏野成為馬凱雷雷第一個就讀全學年的日本學生。這次經歷並沒有達到她的期望（「儘管過去享有盛譽，但坦白說，那所大學有著嚴重的功能失調和政治取向」）。但在放假期間，她決定搭便車穿越坦尚尼亞、馬拉威和莫三比克，並因此得到極大的收穫。旅程中並非一切都很有趣。在莫三比克期間，她感染了瘧疾，並在馬布多的一家醫院住院十天。「那其實是我一生中最糟糕的經歷之一。」但當她回國時，感受到旅行帶給她的激動，並發現大學生活相比之下令人沮喪。她還意識到，與坐在課堂上相比，她在步行和搭便車時更有收穫。

夏野在旅行之前，在暑假安排了一些實習，以改善就業機會。但她決定，再次出發去旅行不僅會更令人興奮，對未來也會更好。接下來的四個月，她從赤道移動至埃及，中途在坦尚尼亞、肯亞、衣索比亞和蘇丹停留。

當夏野回到日本時，很快就發現那裡等著她的生活有些不對勁。她所有的朋友都在找工作。他們身為學生時能夠自由玩耍，但現在派對結束，必須進入激烈的競賽。她無法忍受。一位法國朋友所屬的公司幫助歐洲的非洲人與住在講法語的非洲國家的家人建立聯繫，這為夏野逃離日本提供了絕妙的藉口。她開始在象牙海岸學法語，有點像在牙買加學習英語。當她第一次嘗試在法國說法語時，遇到的人都明白她在說什麼，但無法理解為什麼一個嬌小的日本女人會帶著象牙海岸的口音說話。我來自非洲法語國家的朋友說，夏野說法語聽起來像「來自家鄉的非洲人」。

回到東京後，她完成發展藝術學位，並參加一些課程讓她的法語「變得正常」，後來也讓她有機會為報導福島地震及其後果的法國記者擔任翻譯和協調員。她之後又去伊朗和阿爾及利亞旅行。但夏野在日本看不到未來。她知道在父權制的祖國被視為害群之馬的社會壓力，尤其是身為年輕女性，但這是她第一次真正體會到這種感覺。一次重大的認同危機隨之而來。夏野知道她無法在出生的國家充分發展，而能夠自由選擇「想做的事和想去的地方」是她最珍視的事。但這種願望與她所屬的文化和社會相衝突。這場危機持續將近三年。

終於出現喘息的機會。她聽說日本駐塞內加爾大使館有一個職位空缺，要與當地的非政府組織合作。「我知道機會來了，我從未回頭。」在她形容為「可能是我一生中最幸福的兩年」之後，她離開大使館，接連在非洲各地工作，從馬利到南蘇丹。二〇一八年初，她受聘為安濟沙獎（Anzisha Prize）工作，該獎授予來自非洲大陸各地才華橫溢、足智多謀的年輕企業家。夏野熱衷於在受戰爭和衝突影響的地區創造就業機會，因此這非常適合她。她一直想成為作家，成就某件事，或者創造某樣東西，「但現在，我完全致力於安濟沙獎」。

⋄

當我為了這本書作研究時，不斷遭遇相同的情況。一聽說我寫的書和遷移有關，人們理所當然地認為主題在討論遷入自己國家的人。無論我們看待遷移的態度是懷疑或絕對敵意，都傾向於關注進入「我們」國家的人，而忽略相反的情況。人們傾向於將遷入與遷出脫節，以至於脫歐公投前幾個月在英國進行的一項民意調查發現，大多數英國人不知何故認為他們應該可以自由地在歐盟工作和生活，但歐盟公民不該可以自由地在英國做同樣的事。

但是，正如我之前所說，只看遷入而不看遷出就像考量呼吸這個動作時排除了吐氣。請記住，遷移是自然的衝動，而我們也可以將屬於遷移一部分的遷出視為自然，而非川普政府所描述的入侵。川普政府經常稱移民為「外國入侵者」，必須為傳染病、販毒、幫派暴力、人口販賣和恐怖主義負起責任。

遷出往往也與離開家的改變力量有關，就像夏野一樣。人們決定加入新游牧行列的其中一個原因是，遷移讓他們有機會成為真正想成為的人，做想做的事，而不必面臨來自家庭或社會期望的壓力。

我們的個人和國家身分、我們的家庭、背景、教育、職業和人際關係——所有這些都為我們的生活賦予意義，但也可能令人窒息。毫無疑問，我父親想要離開德國的衝動與該國納粹歷史的沉重有很大關係（這也可能解釋了為什麼他最親密的朋友大多數都是猶太人）。我也肯定，最終造成英國脫歐的那種英國疑歐主義（British Euroscepticism）與英國首相強森的學校手冊中所包含的英國的懷舊、帝國主義觀點密切相關，正如學者丹尼・多林（Danny

Dorling）和莎莉・湯姆林森（Sally Tomlinson）所論證的那樣。[1]

這樣的英國有點像是第二次世界大戰之後的平行宇宙，英國就是如英雄般的勝者，噴火戰鬥機和「保持冷靜，繼續前進」標語的發源地，每條街都掛著彩旗。舉例來說，那也是故意忽略英國應該為了一九四三年孟加拉飢荒受到譴責的衝突觀點。或許不該說「英國」，應該說這是一種特別在英國產生的現象。

然而，這種令人窒息的氣氛可能造成以下現象。牛津大學和柏林社會科學中心的學者進行的一項研究發現，自英國脫歐公投到二〇一九年十月，從英國移民到歐盟的人數達到十年來的新高。據估計，二〇一九年有八萬四千名英國公民移居歐盟，高於二〇一五年英國脫歐公投前一年的五萬八千人，而二〇一二年為四萬六千人。[2]經濟合作暨發展組織和歐盟統計局在二〇二〇年的一項研究表明，搬到一個歐盟國家並獲得公民身分的移民人數增加了百分之五百。例如，入籍德國的英國人增加了百分之二千。研究中指出的主要原因是英國脫歐後的新護照讓人民不再擁有行動自由。該研究的共同作者丹尼爾・泰特洛（Daniel Tetlow）評論說，入籍人數的增加表明了「成為一體或融入社會」的驚人承諾，而他們是正在離開英國的英國人。[3]

還有一些人追尋童年早期心中潛移默化的幸福形象，卻在某個時刻發現他們一直在追求的並不符合，因此改弦易轍。與我交談過的許多新游牧者在遷移之前都經歷過這種身分危機。他們知道對自己的生活不滿意，但感覺受困在所處環境中。他們有工作、人際關係和責任，因此必須假裝沒事一樣繼續生活。但情況並非如此——基本的因素已經改變。

◆

有些人，比如夏野，從小就有不離開就會窒息的感覺，也有人像傑米．桑巴爾（Jamie Sanbar）一樣，突然之間意識到這一點。傑米是現居倫敦的年輕澳洲人，原本自認為可以在傳統的穆斯林家庭中過著舒適的生活。但當他最終接受自己的性取向時，家人保守的生活方式讓他無法出櫃。唯有離開澳洲，傑米才能以同性戀者的身分自由生活。

和雪梨內西區許多第二代澳洲人一樣，傑米經常覺得自己受困於兩個相互衝突的世界之間。一個是父母居住的傳統穆斯林世界；另一個則是澳洲城市提倡的自由價值觀。「我從不覺得自己適合任何一方。我對白人來說太黎巴嫩，對黎巴嫩人來說太白了。」

傑米的父親成長於貝魯特。身為家裡排行較前的男孩，為了養家糊口，他不得已從小輟學，在街上兜售糖果和菸草。因為黎巴嫩內戰，他二十歲出頭時前往雪梨，在不懂英語的情況下成為難民。傑米的母親則來自一九一七年俄國革命後逃離祖國的俄羅斯家庭。她的母親在哈爾濱長大，這個中國北方的城市，後來成為白俄羅斯移民的聚集地。她最後落腳於澳洲的霍巴特。

傑米的父母在雪梨的一家水果店認識，並墜入愛河，之後開始經營鋪設後院的生意。像許多來自黎巴嫩貧窮南部的移民一樣，傑米的父親不識字，但街頭小販的歲月使他成為厲害的商人，並教會他獲得人們的信任。與此同時，傑米的母親冷靜而有條理，負責管理業務，並讓生意蓬勃發展。開始創業時是一個健談的黎巴嫩小伙子和他的女朋友開著破舊的紅色卡車到處招攬生意，很快就建立了一個小型商業帝國。他們創業的時機很好——雪梨的建築業開始起飛。「同時，他們也很賣力工作。我父親經常睡在車裡，在建築工地過夜。我母親過去經常在週末帶我們去看他，當時，他也會讓我們和鋪設路磚的男孩們一起工作。」

傑米父母的成功意味著他成長的環境非常優渥。他們位於史卓菲的家十分奢華，設有網球場和游泳池。傑米和兄弟姐妹被送到該地區最好的私立學校，接著就讀頂尖大學。從表面上來看，這個家庭似乎已經順利融入澳洲的生活。對於鄰居和朋友來說，他們是典型的澳洲成功故事，但文化張力正在檯面下默默醞釀。

傑米的父親「就像現在的澳洲人一樣」。但伴隨著濃厚的澳洲口音而來的，是非常傳統的家庭生活觀念，而這種觀念根植於他的成長經歷。「在他看來，我們都應該待在家裡直到結婚，並為家族企業工作。」這就是傑米的父親來自並熟悉的世界——互相依靠才能生存。諷刺的是，傑米的父親是移民，卻想把兒子綁在一個地方和一種生活方式上。他所認知的是，他終其一生都努力工作，是為了讓家人不必像他一樣辛苦。「想要做其他事，就等於當他的面重提那些辛苦的工作，」傑米深思後說道。

傑米違背父母的意願學習文學，理由是不想過他們為他安排的生活。畢業後，他嘗試找記者的工作，但因為沒有人脈，於是一事無成。他的兄弟和父親看著他放棄當記者，並在採礦業中找到一份「真正的工作」。三年後，他升職負責大型商業公共工程專案。「有一段時間，感覺還不錯。我終於證明自己。在我童年時期、學生時期和大學時期，我常常覺得自己很沒用。」

然後，二〇一四年十二月，傑米一位親近的同事突然死於腦動脈瘤。「我記得她來我的辦公室道別，要去幫侄女買聖誕禮物。幾個小時後，我接到電話說她暈倒並被送到醫院。當我到達時，已經回天乏術。」這段經歷對傑米的心理健康產生了嚴重的衝擊。他變得非常焦慮，並開始有恐慌發作。「我吃不下也睡不著，受到了創傷。起初，我以為是因為太過震驚，畢竟如此親近的人突然死去。但在葬禮之後，當一切應開始恢復正常，我還是無法回到原來的樣子。」意識到自己的生命有限讓傑米了解，他對自己的生活真的很不滿意。「多年來我一直在自欺欺人，告訴自己我很幸福，我所過的這種生活對我來說已經很好。但事實並非如此——一旦意識到這一點，我就知道遲早必須做點什麼。」

如今傑米在倫敦擔任記者。他一開始是因為為期三週的假期而來，但後來決定不回去。他透過電話辭掉工作：「我的老闆是我父親的朋友，所以家裡非常反對。雪上加霜的是，我的職位才剛獲得相當大的晉升。」但傑米毫不懷疑自己的決定。這樣一來，他就只能堅持下去。他告訴我，過程感覺很嚇人，但最終是他做過最自由的事。多年來，他不知不覺背負的所有重量，對他的家庭和事業的期望，都煙消雲散。這麼多年來，他第一次感到快樂與平靜。他知道，無論如何他都要記住這種感覺。

儘管在雪梨找不到從事新聞工作，但傑米在倫敦很快建立了該行業的人脈，並成功找到相關工作。他在哈克尼的酒吧遇到的作家協助他在《星期日泰晤士報》獲取工作經驗，最終得到全職工作。「以真正的記者身分工作！在倫敦！我簡直不敢相信！」

但也許對傑米來說，最大的改變是能夠以同性戀者身分出櫃。幾年前，他曾向朋友、母親和兄弟姐妹出櫃，卻無法對父親開口。「他有宗教信仰，雖然他喝酒而且幾乎從不去清真寺，卻仍然認為自己是穆斯林。對他來說，這是文化問題，而不是宗教問題。他將如何向家人解釋他兒子是同性戀？這對他來說難以想像。所以我一直擱置這件事。即使我向生命中的其他人坦白，對他也說不出口。」

在雪梨，傑米一直擔心自己外出時會被父親的同事或雇員認出。「我曾經像老鼠一樣偷偷摸摸在夜裡出沒，除了待在沒人認得我的黑暗地下室酒吧，否則無法放鬆。我永遠無法在公共場合和對方牽手或親吻。我經常做關於被發現的噩夢。根本就是被害妄想症。最終，一切都變得太過頭。我乾脆停止外出，不再與男人見面，甚至不和同性戀朋友一起出去玩。我直接封閉自己的性慾，進入自己造成的獨身生活，像和尚一樣過日子。」傑米現在回想起來，真的非常難過。他才剛出櫃，而這是他做過最艱難的事。在他看來，他應該出去慶祝和探索自己新的一面，但他就是做不到。

當傑米來到世界另一端的倫敦，遠離可能認識的任何人，終於可以安心過著同性戀者的生活。「我使用應用程式，出門和人見面，也參加一些同性戀聚會，我不再害怕露臉。我甚至墜入愛河並開始了初戀。我當時二十七歲，但感覺自己就像個少年。初戀沒有成功，但這不是重點，我終於踏出步伐。我在雪梨度過許多年，陷入自己的恐懼和困惑之中，如今終於感覺能過屬於自己的生活。」

如果重來一次，他還是會做同樣選擇嗎？「一定會。我之前從未意識到自己帶著多少負擔。我的耳邊一直有上千個小聲音，告訴我要這麼做、那樣做。當我遠離這一切，終於可以聽到自己的聲音。這就像從同時播放著一百台收音機的房間走到寂靜。過程令人驚駭，但我因此更加清楚了解自己。現在，當我回到家，即使音樂重新響起，我仍然可以在喧囂中聽到自己的聲音。」

⋄

另外一種騷動，驅使來自中國的年輕女子璐璐，在順從中產階級父母成功願景的壓力下離家出走。一直到設法利用獎學金搬到新加坡，她才能夠找到志同道合的朋友（最終成為丈夫）。

跟夏野和傑米一樣，張璐璐在充滿愛的家庭中長大，出身於中國東部安徽省典型中產階級環境的她，在某個時刻開始覺得自己不屬於成長的地方。璐璐的爸爸是老師，媽媽是護士，同屬於近幾十年來為尋求更好生活而在國內遷移的兩億五千萬中國人。璐璐害羞而內向，缺乏自信，朋友也很少。和許多新游牧族一樣，閱讀是璐璐的第一種旅行方式，讓她想出去看看這個世界。她讀過《簡愛》和《麥田捕手》，尤其受到《在路上》（*On the Road*）的啟發：「我事後才意識到，但傑克．凱魯亞克（Jack Kerouac）為我走向國際的熱望播下了種子。」

璐璐的父母努力提供她最好的教育環境。她在學校的表現非常好，意外的結果是他們對她的期望更加提高，導致她從小就被寄予厚望。像中國許多年輕的中產階級一樣，她的父母對什麼能讓她快樂，尤其，怎麼做能夠成功，有既定的想法。她解釋說：「中國人對於成功的認知可能相當僵化。如果你是學生，就應該努力學習並取得高分，就讀中國的頂尖大學，然後繼續在美國、英國或歐洲的某個地方攻讀碩士學位。畢業後找到穩定的工作、結婚——最好在三十歲之前——生子、買房。如果能夠做到，就表示你這個人很成功。」

璐璐孜孜不倦地沿著父母為她準備的道路前進。她勤奮學習，在課堂上表現出色。「我是好女兒，也是非常優秀的學生。我的生活只有學習和家庭，僅此而已。」但在冷靜的外表下，璐璐開始質疑所追求的生活是否會讓她快樂。當她為了大學入學考試轉學到一所私立菁英學校時，她的危機即將爆發。「我一直在問自己：『我學習是為了什麼？它不適用於我生活中的任何事，也並未教我任何有價值的東西。』我真的很不開心。」兩年後，她從班上的第一名跌落到墊底。

璐璐小學時的一個好朋友獲得獎學金去新加坡留學。當時，這看起來不是理想的選擇。「在中國所學的知識告訴我，新加坡很小，無足輕重。我想瞄準更高的目標。如果可以去美國或歐洲，為什麼要去新加坡？」但她和朋友聯繫，朋友說服她這可能是通往某個地方或其他地方的墊腳石。她還強調，與中國相比，那裡的生活方式更加自由。這為璐璐指引了方向。她決定申請獎學金，也得以錄取。

璐璐在滿十八歲前一個月搬到新加坡，經歷了一段情緒上充滿文化衝擊和矛盾的時期。在中國，她的人生被安排得井井有條。沒有家人在國外，生活可以很自由，但她留學的前兩年大部分時間都和來自中國的同學一起度過，而這些同學們也一樣承擔著父母的期望：用功讀書，找到薪資優渥的工作，然後過著安定的生活（也就是結婚）。璐璐太過熟悉這些。「我仍然覺得自己過著別人的生活。」有一天，她好好坐下來書寫自己理想的生活：「我真正喜歡的工作、好朋友和真誠的人際關係、愛自己、平靜，以及了解整個世界的機會。」這個練習讓璐璐知道，如果繼續現在的軌跡，將不會達成任何一項目標。她對自己沒有信心，覺得自己不知道自己是誰。她必須做出改變。

璐璐想起凱魯亞克，並因為閱讀的啟發，在大學期間盡可能地到處旅行。她在佛羅里達州奧蘭多的海洋世界度過第一個暑假。第二年，她在土耳其待了兩個月，在當地一所高中的夏令營工作。大多數時候，她利用沙發衝浪（Couchsurfing）獨自旅行。她開始成為「人」，並真實了解自己喜歡什麼、不喜歡什麼。她學會擁抱變化——期待意外，抓住生活給她的每一個機會。這樣的改變賦予她力量，讓她克服恐懼，能夠表達出自己的獨特。「我一點一滴地建立自己的信心，將在旅行中學到的知識應用到生活各方面。我現在知道如何處理人生中的高低起伏，並擁抱那些艱難的時刻，這讓我成為更好、更強大的人。」

從一次旅行回來後，她開始與在新加坡工作的英國資訊科技工程師麥克約會。「我在新加坡時，因為共同朋友而認識他，當時我一點也不想開啟一段認真的關係。」兩個半月後，璐璐單膝跪地向他求婚。我問她，成為新游牧族的軌跡是否讓她能夠挑戰有關性別角色的傳統。「當然是，」她毫不猶豫地回答，「他即將搬到杜拜，我覺得如果我不求婚，可能會後悔。所以我鼓起勇氣去做。這是衝動的決定，但我們的婚姻在將近四年後仍然幸福。」

璐璐新獲得的自信也改變了與父母的關係。她開始工作之前，對他們充滿愧疚和反抗。她利用假期旅行而非返家，或者在沒有可靠備案的情況下換工作，都讓父母覺得她很自私。她主動爭取的婚姻和緩了她與他們的緊張關係。「他們和麥克因為語言關係無法真正交流，但可以看出他會照顧人，讓他們鬆了一口氣。」

璐璐堅信事情的發生都有原因。她也是存在主義者，相信我們決定自己的命運。她向世界各地感覺被困在家裡的心靈牢籠中的年輕人傳達一個訊息：「你做得到。這並不容易，不會按照你所計畫的方式進行——永遠不會。但無論結果如何，你遲早會發現這一切都很值得。即使你最終不得不改變方向，曾經覺得自己失敗，但這種感覺遲早會過去。你所學到的將陪伴你一生。」

最近，璐璐在印度完成瑜伽老師的培訓，並在一家協助食品和飲料企業減少食物浪費的公司工作。她認為自己在做對的事，也處於正確的位置。

⁂

自由主義者傾向於認為，標籤和刻板印象這種他者化的常見形式，是種族主義者和偏執狂會做的事。定居在巴黎的非裔美國作家湯馬斯．查特頓．威廉斯（Thomas Chatterton Williams）的故事喚醒人們，他者化不僅是極右翼分子會做的事，也表明種族偏見的受害者可能很容易會遭受不同形式的迫害。

湯馬斯自二〇一一年以來一直與法籍妻子和兩個孩子住在法國。雖然他的法語說得極差，這仍是讓人感到自由的經歷。在法國，他不只是黑人，也是美國人——這是他在家鄉很難擁有的經驗。「在美國，你一定會屬於某個隊伍。黑隊、白隊、民主黨隊、共和黨隊。大多時候，我真慶幸自己身處歐洲，並與那種不由自主的瘋狂、不由自主的身分政治保持距離。在這裡，我覺得我能擁有要求成為個人的權利，也許是因為我不是法國人。遠離家鄉生活，可以讓你活出自己，在家鄉根本不可能如此。」湯馬斯這番話回應了本書第一章中新游牧族的感受。

人在巴黎的湯馬斯開始寫下這些感受，立即受到抨擊，指責他是菁英主義者。他被指控自私，無視非裔美國人的困境。批評者指出，搬到巴黎是非裔美國人難以負擔得起的奢侈。湯馬斯因為身為黑人經歷種族主義以及其他原因離開美國後，發現他的離開受到反對，家鄉一些自封覺醒活動家和知識分子的人還斥責他出賣同胞。

「有人說：『你能想像麥可．布朗搬到巴黎嗎?!』[4]當然，我知道不是每個人都能夠以這種方式獲得自由，但人數比我們想像的多。如果你做得到，為什麼不認真看待這種可能？我覺得我在很多方面讓自己從美國的種族二元對立中解放出來，而這是我留在美國不會發生的事。」

湯馬斯從美國小說家理察．賴特（Richard Wright）的故事中找到靈感，賴特自稱是「土生土長的美國黑人」，他於一九五一年發表令人難以置信的強大宣言《我選擇放逐》，其中包括以下有爭議的句子：「我人生的前三十八年完全在我家鄉的土地上度過。但是，在撰寫本文時，我自願放逐到法國，我喜歡這樣。我一點也不想念或渴望在美國的生活。除非發生戰爭或災難，否則我打算繼續放逐。當然，我將保留我的美國公民身分、我的美國護照；但我更想要在文明人中度過餘生。」

對湯馬斯來說，賴特在這段文字中優美表達出，你為自由而戰的每一刻都是你不自由的時刻。「賴特終其一生在美國為黑人人權而奮鬥，並且知道那場戰鬥在道德和法律上都正確，然而在某一刻，賴特決定不再戰鬥。」我尊敬這個態度。他也反對要求每個非裔美國人宣誓效忠於黑人部族或被譴責為背叛者的黑人本質化。對他來說，歐巴馬是美國黑人能夠擁有的最好遭遇，和川普對美國黑人來說是最糟糕的想法一樣荒謬。

湯馬斯寫了一本回憶錄《失去冷靜》（*Losing My Cool*），講述他認為嘻哈文化對年輕黑人男性的破壞性影響。如今，他最為人所知的是他與美國黑人身分政治的擁護者塔尼希斯・科茲（Ta-Nehisi Coates）的公開爭論，使他成為左翼知識界最喜歡的攻擊目標。湯馬斯發現科茲的首要論點是，若要解釋美國不好的地方，以下兩個角度都可涵蓋：奴隸制的原罪，以及以白人為主、簡單化和典型的美國人對黑人的壓迫。而要完全理解這一點的唯一方法，是讓非裔美國人與美國拉開距離，哪怕只是暫時：唯有透過聲稱黑人是觀察美國以及實際上是宇宙中一切的主要稜鏡，才能清楚了解，美國黑人文化讓非裔美國人產生了典型的（白人）美國觀念，也就是他們在成為人類之前就是美國人。

我問另一位來自下層中產階級背景的非洲裔美國人卡爾・戴維斯（Carl Davis），他對這場爭端有何看法。搬到坦尚尼亞並成為傑出企業家的卡爾告訴我，「我並不驚訝，在美國，你的身分認同必須符合某些期望。我的故事是，我的黑人朋友認為我不夠黑，其他人認為我不夠好、也不夠白。在非洲，我是美國人，我是商人，但對我來說最重要的是，我是人，而不是一種膚色。我對此表示感謝。我並不是說為黑人而戰沒有任何價值；我的意思是，應該鼓勵並資助美國的年輕黑人走出去，看看不把黑人放在優先和重點考量的感覺是什麼。」

這與另一位美國黑人所羅門．休斯（Solomon Hughes）曾經向我描述的感覺相吻合：「我第一次走在非洲街道上時，體驗到前所未有的感覺——不必擔心與他人保持距離或可能會被白人視為威脅。對我來說，這是徹底解放、改變生命的時刻。我希望每個美國黑人都能品嘗這種滋味，至少一次。」

對卡爾來說，這也是他有過的最自由經歷。他繼續說：「看到非洲人也有種族主義者，對非裔美國人來說可能沒有什麼壞處。美國黑人認為美國白人是最可恥的種族主義者。在這裡住了一段時間，我看到夠多的種族主義，知道問題不出在美國人或非洲人。種族主義是恐懼的一種形式，而恐懼是人性。」

二〇一五年，湯馬斯在《紐約時報》上寫了一篇題為〈下一次大遷徙〉的專欄。[5]他在文章中表示，鑑於黑人在美國持續面臨可怕的種族主義——直到今天，他們在美國被警察槍殺的機率是白人的二十一倍——也許該是他們考慮移民的時候。他寫道，他們應該搬到「允

什麼。她花了一點時間考慮。「我猜這代表生活中充滿思想上的閒散，以及無止盡、無意識的八卦。八卦聽起來沒什麼問題，但它其實是一種欺凌，可能具有難以置信的暴力和破壞力。」

她從小就明白，要想擺脫這種令人窒息的環境，最好的辦法就是在學校取得好成績。於是她努力學習，爭取在班上名列前茅。她的父親掌管小型連鎖飯店，全家搬到母親的故鄉坎城，其中一家飯店也位於此地。海邊度假勝地的生活在很多方面都如夢似幻，但也很狹隘。不久之後，夏洛特發現她在那裡過的繭狀生活就像在維西涅的生活一樣令人窒息。獲得學士學位後，她就讀於巴黎政治學院的波爾多分校，並於二〇〇四年在斯洛維尼亞加入北約之後在該國度過她第一次長期的海外生活。

這一時期的主要壓力來自試圖與她在巴黎的男朋友維持關係。必須往返兩地讓她付出代價，於是做出結束這段關係的痛苦決定。和傑米一樣，夏洛特在某個時刻意識到，她需要拋下家人對她的規劃，才能成為想成為的人。她說她「只是不知道如何在不離開這個國家的情況下做到這一點」。

夏洛特於二〇〇九年畢業——當時正值金融危機的高點。「這是離開的好時機。法國的前景看起來不太光明。會說三種語言是我極大的資產。所以，我開始在國外尋找機會。」

這開啟她以貿易記者的身分在伊斯坦堡報導能源的職業生涯。「我從未想過會以這種方式開始職涯，但我申請時就知道自己會做得很好。這份工作符合我的個性，是通往閃亮和美妙事物的大門。我原本希望先在法國找到工作，等我比較成熟再跳槽到國外。但情況和我預期的不同，這樣很完美。」

夏洛特從伊斯坦堡出發，被派往世界各地執行為期四到六個月的任務。她探索了印度和加拿大，最終在墨西哥登陸，第一次有機會體驗拉丁美洲。她發現自己喜歡那裡的一切：派對、閃亮多彩的文化、拉丁式的誇張。在巴林又完成一次短期任務後，她和兩位同事決定創辦公司，而她在墨西哥的七個月使她密切關注拉丁美洲，尋找潛在的據點。哥倫比亞有一條法律意味著，如果他們在那裡創辦公司，到二〇二三年之前都不必納稅。他們選擇這個國家主要是因為這個原因，但夏洛特在這裡發現更重要的特質：「人們以為哥倫比亞只有販毒集團和哥倫比亞革命軍，但其實背後還有很多元素。想像一下，如果把美國簡化為只有川普、麥當勞和全國步槍協會……馬奎斯（Gabriel Garcia Marquez）和魔幻寫實主義並非憑空而來。哥倫比亞人優雅又有教養。這裡的生活相對便宜。」

我問她如果留在法國，生活會是什麼樣子。「絕對沒那麼有趣！身為外國人對我的職業生涯產生很大影響。我在這裡被認為有異國情調，無論在商業或藝術上，這個特質都很吸引人。夏洛特懷疑她是否有機會在法國發展現實生活或藝術技能。「我從二十八歲開始在這裡表演，完全來自機緣。當然，由於我是住在哥倫比亞的法國女人，這種奢侈讓我的表演吸引人的機會大增。在法國，表演在很大程度上是靠親近程度和裙帶關係。」

如今波哥大已經成為夏洛特的家。和夏野、傑米和璐璐一樣，移民給夏洛特的最大禮物就是自由。它讓她重新定義自己的身分並重塑自己，變得大膽無畏。以璐璐來說，她離開國家時，並不知道前方等待她的會是什麼。「我做到了，我很感激我有膽量。這是多麼棒的禮物！也許我一直都有，但我遷移的事實揭露了這一點。你能越過海洋，就能做任何事，」她補充道。

夏洛特認為所有移民都有共同點。「移民都希望能從中得到看起來比家鄉更好的收穫。你必須對宇宙有信心才能成為移民。太多人對你說，『別走，你瘋了！你不會成功的。如果你這樣做，你就不會出人頭地。太難了！要突破語言障礙太難了。』你會發現，身邊不乏反對者。如果你願意改變生活，那麼忽視這一切需要內在的力量。對我來說，遷移當然不至於攸關生死。但如果不相信，就不會成功。」

對於喜歡移民但又害怕的年輕人，她有什麼建議嗎？「我會告訴他們，讓他們與眾不同和成為蔑視或嘲笑目標的原因，很可能成為他們在海外最大的資產。與眾不同是應該培養的特質。每個人都有奇怪之處，就是這些特質區別了每個人的不同。找到這些特質並努力將其變得有趣並吸引人。正向看待仇外心理的必然結果是經常對外國人著迷。你定位自己的方式將決定你在當地人眼中的樣子。這不是重寫過去或撒謊，而是努力增進自己的優點並加以強調。」

綜合以上所有會得到什麼結論？我們了解，無論到哪裡，遷出都為所有人提供機會。透過從更廣泛的經驗基礎中獲得心理可塑性，並將其與適合的社會連結，移民的生活變得更加豐富。硬幣都有正反面。不將移民視為你所在地區的訪客，而是離開家鄉的人，是微妙而細微的區別，但也許也很重要。在英國，人們可能會抱怨那些「來這裡搶我們工作」的移民（真實性存疑）。但他們最好記住，也有許多英國人到其他地方接受面試並尋求機會。正如我所說的，有遷入也有遷出——離開的人和新移民不斷循環，這是交換學生計畫的一種大型版本。沒有一個愛國的英國人會希望看到同胞在國外遭受仇外心理和虐待。如果我說得沒錯，希望大家都能明智地記住這條黃金法則——「己所不欲，勿施於人」。也許，遷出教會我們最重要的事是，你來自哪裡，你要去哪裡，其實只是想問出人生真正的問題：你是誰，你想成為誰？

註釋

1. Dorling, D., and Tomlinson, S. *Rule Britannia: Brexit and the End of Empire.* Biteback (2019).
2. https://www.independent.co.uk/news/uk/politics/british-emigrantseurope-continental-brexit-deal-latest-leave-uk-a9166136.html
3. https://bibliothek.wzb.eu/pdf/2020/vi20-102.pdf
4. 這位手無寸鐵的十八歲非裔美國人在密蘇里州佛格森被警察槍殺後死亡，導致了長期的暴亂和全國對「黑人的命也是命」（Black Life Matters）運動的認可。
5. https://www.nytimes.com/2015/03/01/opinion/sunday/the-nextgreat-migration.html

第五章　走出去！

我們已經看到離開的經濟利益及其所培養的企業家精神。經濟可以成為拉力發揮作用，因為移民大多年輕，會受充滿活力的經濟所吸引，無論是像紐約這樣的傳統大城市，還是像三蘭港那樣的新樞紐。但即使在繁榮的西方，經濟也可能是推力。對於像上一章中夏野這樣的人，令人窒息的氣氛會將他們推向世界其他地方，窒息的經濟也是如此。

很多時候，聽到「經濟移民」這個詞時，會聯想到乘坐木筏穿越地中海前往歐洲的人們。這些人大多是從全球南方來到全球北方。但是，我們開始看見，人們正往四面八方遷移——從北到南，從南到南，從北到北，從北到南。隨著經濟上的連結愈來愈緊密，人們可以隨時隨地以不同的方式為經濟服務。本章將探討，無法吸引年輕人的，是低迷的經濟，而非正式陷入衰退的經濟。我們將研究促使他們遷移的方式、原因和地點，以及有可能在原籍國產生的競爭力。

◆

二〇〇八年，歐巴馬當選總統的前一天，我第一次在《世界報》正式發表文章。我以美國人的身分在巴黎撰文，認為說出「是的，我們可以」的總統任期有可能重新啟動幾十年前緊密的跨大西洋戰略夥伴關係，尤其是伊拉克戰爭造成的分裂和把薯條稱為自由薯條的那幾年之後的法美關係。我的預測落空，歐巴馬可以說是美國首位太平洋總統，薩科齊總統和他的關係也一直不像與小布希那樣。然而，那篇專欄開啟我偶爾成為社論者的職業生涯。

我在錄音室頓悟的六個月之後，想法隨著時間有所不同。最初只是隱約了解旅行和遷移作為學習和成長方式的潛在價值，現在已經變成更明確的政治願景。正如我所看到的，法國對待年輕人並不公平。青年失業率為百分之二十五，是全國失業率的兩倍，這種情況持續了三十年。我將此作為法國政治制度和權力結構從根本上為老年政治性質的證據。如果年輕人不僅可以透過離開這個國家來自我成長和豐富，還能影響國內的政治呢？畢竟，任何政府或經濟都離不開年輕人。為了保住他們的工作，政客們別無選擇，只能採取激勵措施來吸引他們回國。

新的砲轟時機已經成熟，這篇專欄的主題與法美關係截然不同，具有挑釁意味但深思熟慮。這一次我要對付法國菁英，並給予致命一擊。從定義上來說，我不是法國人，但是，我成長於聖日耳曼德佩區，在很大程度上屬於我試圖批評的國家菁英的一分子。考慮到這一點，我聯繫饒舌歌手密友莫克里斯（Mokless）和電視節目主持人穆盧德・阿舒爾（Mouloud Achour），他們都是北非移民的左派孩子，從小住在公營房屋。我把所寫的專欄傳給他們，問他們是否願意聯署。

他們都有意願。和我一樣，他們喜歡推翻移民議題原本討論的角度，將其視為機遇，而不是目前在法國和其他地方所描繪的威脅。我們的專欄以我在廣播中的咒罵「離開！」為標題，在一九六八年學生運動後由尚－保羅・沙特（Jean-Paul Sartre）創辦的《解放報》（*Liberation*）中刊出，日期為二〇一二年九月新學年開學的第一天。文中論述，法國已經成為老舊且過度集中的老年政治國家，在減少青年失業的長期問題上，菁英幾乎沒有任何作為。一個未能關注青年需求的國家在道德上已經破產。是時候讓年輕人掌握自己的人生，出發上路。

我們認為，如果法國青年接受這個想法並採取行動，統治階級將無法視而不見。自從法國稱為輝煌三十年的持續成長於一九七五年結束以來，在經濟上的腳步幾乎只能說是勉強緩慢前進。如果身為國家命脈的年輕人離開，金字塔頂端的整個未來都會受到質疑。

該專欄引起轟動，讓很多人感到不安，令我非常高興。刊出當天的中午，我正忙著參加每日播出的談話節目。幾年來，我一直接受電視和廣播中各種問題的採訪，但這篇文章將情勢提升到全新的層次。在接下來的幾天裡，各種政治人物都被問及對於我所提出的宣言有何看法。可以預見的是，除了少數例外，大多數的反應都很有敵意。法國極右翼政治領袖尚－馬里．勒朋（Jean-Marie Le Pen）告訴記者，「穆盧德不應鼓勵法國青年離開，而應告訴他的『表兄弟』不要來法國。」在一檔談話節目的片場，奇異法國分公司的負責人告訴我，她把留下來的法國青年視為反抗軍，這讓她毫不懷疑那些可能想離開的人。英國並非歐洲唯一對二戰抱持懷疑態度的國家。

雖然我們故意表現出挑釁的態度，但也確實因此嘗到苦果。我們引起全國的關注，但試圖開始的全國性對話很快就陷入一個推論中：我們一定很恨法國。我們開始收到來自國外的採訪邀請，倫敦的《泰晤士報》總是樂於在報導中加入一點對法國人的抨擊，並發表了一篇題為「如果可能就出去，離開先生如是說」的故事。這無助於消除我們對法國提出質疑的形象。美國、中國、德國、巴西、義大利、西班牙、荷蘭、克羅埃西亞甚至澳洲的媒體紛紛效仿。

二〇一三年夏天，法蘭索瓦．歐蘭德（François Hollande）總統在黃金時段的電視節目上被問及我們的運動。主持人提及一位巴黎政治學院（又是一所高等專業學院）畢業生因為找不到工作只能搬到澳洲的故事。歐蘭德面臨一個直截了當的問題：「如果你面前有一個找不到工作、失去希望的年輕人，你會怎麼說？」歐蘭德的回答說好聽一點是軟弱無力，說難聽一點就是否認現實。「我會告訴這個年輕人，法國是你的國家。這個國家愛你，」他回答道，好像只要一直重複法國可以給人民更多的台詞，就可以使它成為現實。「我的職責是告訴這位年輕女子，你在法國一定會成功。」

這場電視露面並不順利（歐蘭德的一位主要幕僚因為讓他毫無準備就上節目而立即遭到解僱），《紐約時報》要求我寫一篇針對歐蘭德發言的文章。[1]我抓住機會讓論點聚焦在經濟上，指出對出生地的責任並不能取代創造機會和創新。但這篇文章引起更廣泛的國際迴響讓我意識到一些至關重要的事。

法國的確存在經濟成長和青年失業的問題。但在歐洲許多其他地方，之前的情況（現在仍然）更糟，比如義大利，那裡的年輕人找到工作的可能性比平均人口難上三倍，更不用說阿拉伯世界或非洲普遍存在著令人窒息的老年政治。因為我人在法國，所以把重點放在法國的問題。但年輕人的沮喪是全球現象，而非單單存在於法國。我們需要的是了解全球年輕人表現得如何的方法，於是我提出了新想法：新世代學全球指數（Youthonomics Global

Index，YGI），這是根據對年輕人友好的程度來將國家進行排名的方法。

我聘請了一位年輕的經濟學家來匯編和分析與世界各地年輕人有關的一系列數據。YGI於二〇一五年問世，根據五十九項不同的標準對六十四個國家進行排名，從青年失業率、教育品質和成本、獲致技術和創業途徑，一直到政治形象、年輕人負擔住房和儲蓄能力、宗教自由，甚至自殺率。

在許多國家，我們發現父母不再直接把財產留給子女。[2]然而，年輕一代仍被期望從工資和稅收中負擔社會保險來資助長輩退休，同時在不斷變化的狀態下為自己的退休做財務規劃。雪上加霜的是，在接連發生的金融危機之後，嬰兒潮這一代的政治人物選擇將避險基金、養老基金、銀行和其他私人金融機構累積的數十億（也許數萬億）無價值債務轉換為公共債務，從而有效地將負擔轉嫁給後代的子孫。

這種情況讓全世界的年輕人不成比例地變得貧窮。但是，新世代學全球指數證實了我的理解，即情況已經逆轉。前所未有的國際流動提供年輕人前所未有的影響力。透過用腳投票——從一個國家或城市移動到另一個，以及我們即將看到的，從城市到農村——年輕人可以將世界變成城市、國家和地區之間爭相吸引人的選美比賽。在許多國家——儘管不是所有國家——年輕人要不是受到忽視、操縱、屈辱對待，就是徹底虐待，愈來愈多人開始使用強有力的新武器——離開。

丹麥、瑞典、挪威、瑞士、紐西蘭和加拿大等人口較少的富裕和相對進步的國家在YGI中名列前茅，並不足為奇。年輕人希望看到良好的教育、健康和福祉、就業和機會，以及青年政治和公民參與的機會，這些國家在以上這些措施都做得很好。法國、日本、義大利和西班牙等具有老年政治傳統的國家表現相對較差。這些國家有愈來愈多年輕人正在利用科技優勢，來嘗試並建立在國外生活的基礎。

以黛博拉、她的弟弟維克多和他們的朋友米里安為例。他們來自馬德里，並於二〇一四年移居英國，在倫敦東北部定居。「在西班牙，即使有工作經驗、動力和自信，我也一事無成，」黛博拉坦言，「在那裡，一切都取決於你認識誰。」我很清楚，在任何地方認識合適的人都有幫助，但我明白她的意思。憑藉這位年輕女子所散發出的無所顧忌，她應該能夠在自己的國家茁壯成長。她繼續說：「我不想住在一個不重視我的地方。維克多、米里安和我沒有抱怨，而是採取行動改變自己的命運。我們收拾行囊，出發上路。但倫敦的生活有時很艱難。身為地中海人，在這裡會感到孤獨和孤立。感謝上帝，我們擁有彼此。」

多虧了一個讓狗主人可以尋找狗保姆的應用程式，我才認識這三個人。我在使用此類服務時經驗有好有壞，因此我嘗試將華生和夏洛克交給他們照顧。順帶一提，當我們從西班牙式的家中接回牠們時，牠們搖著尾巴，所以我想我的兩隻寵物在那裡度過了愉快的時光。

二〇一四年，西班牙的青年失業率達到驚人的百分之五十七。聽到他們的故事後，我試圖想像這對姐弟及其朋友搬到像倫敦這樣的繁華大都市有多麼艱難，那裡的一切都比家鄉貴上三、四倍。一段時間後，黛博拉和維克多受到一家壽司公司錄用，自信的黛博拉很快晉升為分店店長。上次我和她聯絡時，她正在管理一家果汁和冰沙吧，維克多和她一起訓練員工，而正在學習行銷的米里安偶爾會過來擔任服務生。「這麼做值得嗎？你會建議離開出生地嗎？」我問他們。「絕對值得。去做就對了！如果事情不順利，總是可以考慮回家。與此同時，你的成長方式、你將學到的東西、你將獲得的經驗、你將發現的地方、人和文化……這一切都是無價。」

挪威在YGI排名中位居榜首，有很大程度要歸功於其彈性的勞動力市場。挪威也不害怕年輕公民越過邊界尋找工作。事實上，挪威與鄰國瑞典共享就業數據，當其中一個國家的年輕人沒有工作時，政府將資助他們前往另一個國家面試空缺的職位。這與我們在法國看到的完全相反，政府告訴年輕人留下來是他們的責任。美國和英國也做得不好。但也許該排名突顯出一個最令人驚訝的趨勢是，中國以及印度在軟實力的提升，尤其吸引年輕人。與葡萄牙、西班牙、義大利等南歐國家相比，中國更具吸引力。

我想了解更多關於這些結果的資訊。除了失業，還有什麼將年輕人趕出南歐，中國與挪威有什麼共同點？

◆

中國瀋陽和大連之間的子彈列車每天發車次數多達五十次。不到四百公里的旅程可能只需一個半小時，確切時間取決於火車的停靠地點，這使得兩地之間的車程比從倫敦到利物浦的三百五十公里旅程要快得多，成本卻只有三分之一。對於在兩個城市之間通勤工作的專業人士來說，它是理想的交通工具。

二〇一四年十月，伊斯梅拉・巴里（Ismaila Barry）在黃金週登上這樣一列火車，黃金週是一九九九年制定的國定假日，旨在藉由允許正在興起的中國中產階級進行長途探親來發展國內旅遊業。穿過擁擠的車廂，他慢慢走到自己的座位上，幾乎沒有留意到自己吸引了周遭的目光。伊斯梅拉誤選了慢車，以至於這趟旅程費時四小時，於是他決定小睡一會。半路上，他被眼前的一陣騷動驚醒。當他睜開眼睛時，發現一群當地人正忙著幫他拍照。等他完全清醒，目瞪口呆時，他們仍然繼續拍照，有的使用精緻的自拍棒，對著相機毫不羞恥地擺姿勢，一點也不尷尬。

讓伊斯梅拉引來如此不受歡迎關注的決定性特徵是什麼？他的黑皮膚。

在許多國家中，這種行為會被視為冒犯。事實上，在大多數國家，根本不會發生這種事。但中國不是其他國家，它按照自己的規則行事——尤其是在種族方面。「中國並不比其他地方更具種族主義，」巴里告訴我，「黑皮膚的人在中國很少見。我剛來唸書時，人們在我周圍的舉止，尤其是在我離開校園和城市環境時，讓我非常不舒服。可以肯定的是，我在其他地方從來沒有遇過在這裡感受到的那種民族優越感。但生活在中國也讓我意識到，我之前可能稱之為『種族主義』的行為，只是在一個從根本上向內導向的國家中，人們對於奇怪、陌生和外國人的一種未經過濾反應。身為非洲人，了解這件事對我有很大的好處。」

二〇一八年春天，我在達卡的松貝迪翁（Soumbedioune）魚市場第一次見到伊斯梅拉。這位年輕人表情豐富又健康，冒出鬍渣的臉上掛著歡快的笑容。但是我們真正開始交談是在上海；我當時人在上海，而他碰巧到該地探望家人。夕陽西下，漁民忙著兜售當天的漁獲，周圍都是獨木舟，優雅、色彩斑斕的漁船隨處可見。伊斯梅拉穿著閃亮的T恤和黑色褲子、全新的運動鞋，戴著飛行員墨鏡。

伊斯梅拉的父母都是塞內加爾人，兩人都獲得獎學金，在一九八〇年代的鐵幕後學習。他的父親布巴卡爾（Boubakar）在德勒斯登學習核子物理，然後在東德度過十年。他的母親梅迪納托．穆罕默德．迪奧普（Medinatou Mohamed Diop）在塞內加爾與甘比亞邊境以北的一個小城市考拉克長大，獲得在當時的捷克斯洛伐克學習水文和地質工程的獎學金。「我的父母都出身卑微，都是白手起家。我爸爸每天早上幫他媽媽搬桌子去市場，然後才能去上學。晚上，因為家裡沒有電，不得不出門在路燈下讀書。」

我拜訪了布巴卡爾，想知道為什麼他和多數同代人不同，決定回到塞內加爾。他現在是位於達卡市中心的謝赫．安塔．迪奧普（Cheikh Anta Diop）大學的物理學教授，受人尊敬，甚至有些令人畏懼，享有很高的聲譽。從那些告訴我和我兒子（他跟在後面）如何到他辦公室的學生略帶驚慌的表情來看，他顯然不能忍受愚蠢的人。他告訴我，「當時，我和未來的妻子都是泛非洲主義者。我們覺得自己應有的立場是參與非洲的崛起，並從非洲開始做起。」

回到塞內加爾後，布巴卡爾和梅迪納托立即開始工作。她在一家水泥廠索可辛（SOCOCIM）從事工程工作。不久，這對夫婦共同創建英特列（INTELECT）這家電腦運算和電子產品經銷商和顧問公司。梅迪納托繼續在國營藥物經銷公司管理一個部門，這也是她目前的職業。

這對夫婦有三個孩子，都是努力學習的學生。放學期間，當其他孩子在街上玩耍時，伊斯梅拉和兄弟被迫留在家裡學習。「我爸爸不只要我們表現好，更希望我們成為卓越的人。」多虧了大學的工作，布巴卡爾是該國第一批擁有家用電腦的其中一人，讓伊斯梅拉和兄弟比學校裡的同學更有優勢。

十一歲時，伊斯梅拉在塞內加爾國慶節看到他未來學校的學生遊行。他以前從沒聽說過這所學校。「爸爸告訴我，如果我想讀那所學校，就必須非常用功讀書。」伊斯梅拉聽了爸爸的話，最終被學校錄取，並在那裡遇到稍早在導論中提到的阿布迪，他剛從馬利來到這所學校。伊斯梅拉在學校進行商業管理研究，並很快知道自己需要出國留學。「在塞內加爾，沒有人會說英語，我開始明白我需要出國留學，」他告訴我。他申請迦納著名的海岸角大學，並獲得錄取。

與許多其他年輕新游牧族的情況一樣，第一次在國外的適當經歷對伊斯梅拉來說是養成的經歷，也是他前往中國的重要墊腳石。沒有去過不同大陸的人，只能以理論來理解各個國家之間的差異。但是，透過伊拉斯莫斯交流計畫在歐洲待了一年的交換學生可以證明，即使在同一地區，文化差異也可能令人不安。那種如魚離水的感覺，讓伊斯梅拉成長得更快。迦納和塞內加爾實際上相距甚遠（大約是倫敦和基輔之間的距離）。迦納是基督徒占多數的國家，塞內加爾絕大多數是穆斯林；但對伊斯梅拉來說，最有趣的區別在於其他地方。

英國在殖民時代遺留下來的影響讓迦納對伊斯梅拉來說是截然不同的地方：「國民的心

態與講法語的非洲國家大不相同！迦納人是商人，有著驚人的商業頭腦。我一點也不習慣那種創業精神，」他解釋。事實上，比起塞內加爾，迦納的經濟要強勁得多，足足有三倍。法國對塞內加爾的影響可以從該國對工程師的崇敬中看出，並於近年在畢業於法國的能源工程學院ＩＦＰ的總統麥基・薩爾（Macky Sall）的身上體現。但是，雖然法國對技術官僚主義的傾向經常被藝術上的抒情性所抵消，但塞內加爾的情況並非如此。雖然巴黎香榭麗舍大道是以希臘神話中的天堂命名，但在塞內加爾格雷島上見到的重要街道卻被簡稱為ＶＤＮ，代表了向北的逃生路線（Voie de Dégagement Nord）。

最令伊斯梅拉震驚的是，古老的傳統、種族歸屬、夥伴關係和繁文縟節在迦納似乎遠沒有那麼普遍。「在塞內加爾，如果你提出生意上的點子，人們會告訴你『哦，不，這行不通，太冒險了，你太年輕了！』當我與迦納的人們、老闆和導師交談時，感覺一切都有可能。」

發現在非洲境內遷移的改變力量使他好奇地想知道，如果他離開非洲大陸會發生什麼。但與許多夢想歐洲和美國的同學不同，伊斯梅拉將目光投向另一個地方。在他的一生中，他見證了法國在塞內加爾影響力的減弱和中國的崛起。在迦納，他意識到不僅是塞內加爾如此。中國正在非洲各地建立自己的影響力。二〇一四年，他所在的大學開設中文課程。

伊斯梅拉原本就對亞洲很感興趣（他從小就對武士電影、動畫和漫畫充滿熱情，已經學了三年日語），但中國的大外宣卻讓他的想像力飛速發展。「我對『一帶一路』倡議本身不了解，」他回憶說，他指的是中國在二〇一四年為建立其在二十一世紀的全球影響力而採取的龐大基礎設施、物流和投資策略。但是，他說，「讓我覺得中國有機會並促使我去那裡，完全就是因為一帶一路的討論。」

他認為日語課至少可以讓他有些優勢：「日語中許多漢字都來自中文，但中文真的要複雜得多。」伊斯梅拉笑著補充，「我在接下來的兩年裡不間斷地學習中文，覺得自己學得很好。我太不了解自己的實力。」

中國政府為了吸引外國人到中國就學，尤其是非洲人，設置了全額獎學金，而二〇一五年，伊斯梅拉就獲得了這份獎學金。由於北京政府預計對非洲資源的需求將不斷增長，因此投資於此類軟實力計畫十分合理。目標是讓年輕的非洲學生成為中國的狂熱愛好者，就像我父親因富爾布萊特獎學金而對美國充滿熱情一樣。伊斯梅拉啟程前往上海，然後到達遼寧。

中國讓伊斯梅拉打從心底感到震撼。人群、建築物、交通、一輛自行車上看到的人數（最多五、六個）或一輛手推車裝載的數量——一切都乘以十、乘以一百。城市的燈光更亮、食物更香，資本主義更嚴酷。中國北方的天氣帶來另一個衝擊。他在那裡第一個冬天的某一週，氣溫降至攝氏零下三十二度。「事實上，那裡的冬天太過嚴峻，以至於人們可以放假兩個月，」他向我解釋。

他預計至少有幾個人會說英語，也能用中文與其他人相處。但幾乎沒有人會說英語——連計程車司機也不會。更令人擔憂的是，他在大學苦學的中文毫無用處。「沒有人聽得懂我在說什麼。我不知道自己對這門語言的掌握僅止於學術面。」他停頓了一下，補充道：「我要換個說法。我所學的中文根本一點用也沒有。」在餐廳裡，伊斯梅拉最終不得不模仿動物來解釋他想要哪種肉。結果不是那麼好。當他在一家特定的餐廳用餐數月後發現他一直在吃豬肉時，身為穆斯林的他忍不住感到沮喪，因為服務員誤解了他發出的呼嚕聲。「那個故事已經成為家鄉親人拿來說笑的經典。每次返鄉都被迫重述。他們就是會忍不住一直笑。」

在遼寧讀書期間，伊斯梅拉造訪全國各地，盡可能體驗一切，包括在子彈列車上被無數陌生人拍照。一天，瑞典的霍特商學院與他聯繫，提供他到上海唸書的獎學金。於是這座城市就在隔年成為他的家。在上海，伊斯梅拉的中文有所進步，並瘋狂建立人脈，結識來自世界各地的人，了解不同的文化。

霍特在全球擁有多個校區，其中一個位於布魯姆斯伯里的大英博物館附近，另一個位於舊金山，因此伊斯梅拉在一個學期內一邊學好英語，一邊了解英國和美國。不過，最終他還是選擇回上海。「我去過紐約和倫敦，但相信我，上海的國際化程度要高得多！」他感嘆道，「全世界都在這裡！」

回到中國後，伊斯梅拉在中國物流公司薩奕國際（SAE Asia）找到一份工作，雖然他未能從中獲得許多啟發，但因為學生簽證即將到期，還是接受這份工作。他發現中國的工作環境讓人筋疲力盡，身為移民尤其困難。「他們真的剝削我，」他說。在聘用他擔任非常初級的銷售代表後，公司很快發現他的潛力，並提供他業務研發經理的職位，但薪水並未增加。他決定換工作。在中國這樣蓬勃發展的經濟體中，他獨特的血統、對中國的日益熟悉和流利的中文使他得以在德國紅外線技術公司 Infratec 找到一份顧問的工作。他最初是初級銷售助理，但在十八個月內晉升為公司全中國業務的銷售經理。

伊斯梅拉在中國累積的工作經驗，讓他對中國企業的運作方式有了第一手的了解。對於中國以外的許多人來說，這種知識使他變得價值連城。他說，中國公司的經營路線各不相同。儘管中國人以誠實和勤奮著稱，但同事傾向於規避風險，以至於難有突破。「決策難度過高，因為如果出問題，沒有人願意承擔責任。結果是長期缺乏主動性。大家只是做出反應，而非提前考慮。我經常必須做出所有決定。這讓我很頭痛！」伊斯梅拉還發現，比美國更重要的是，讓中國運轉的是金錢。「在中國，到處的法則都是現金統治周圍的一切（C.R.E.A.M, Cash Rules Everything Around Me），」他以這種說法對史坦頓島的嘻哈樂團武當幫（Wu-Tang Clan）的代表作致敬，他們的創作大量借鑒了功夫電影的傳說。「一切都與毛澤東有關。[3]錢變成一種信仰。」

伊斯梅拉現在不住在中國。我們上次交談時，我懷疑地提起這是否與中國對待維吾爾人的方式有關，但事實並非如此。「我對新疆（維吾爾族的起源地）發生的事以及維吾爾人受到歧視的方式感到震驚，但並非因為我是穆斯林。這是政治問題。在中國工作必須接受許多無法避免的討厭事。身為穆斯林，我能夠實踐我的信仰並慶祝開齋節等宗教節日。警察甚至被指派在那個時候保護清真寺。」

伊斯梅拉利用他的專業知識在歐洲獲得一份極佳的工作，但他的經驗表明，中國等充滿活力的發展中國家藉由為年輕人提供想要的東西而獲利，其中包括教育、工作機會，更不用說我們已經發現的來自國外的個人成長——中國了解它們對年輕人的重要性，並相應地進行投資。無論老少，無論我們是否遷移，教育、工作機會和個人成長都是充滿活力的人們所關注的關鍵因素。中國透過關鍵投資來吸引年輕人的故事提供那些停滯不前的西方國家許多啟示。

◆

另一個在新世代學全球指數上表現好於預期的國家是印度。該國的成長沒有中國那麼令人印象深刻，印度教民族主義的興起正在玷汙關於遷移的對話：執政的印度人民黨試圖在二〇一九年將二〇一六年提出的公民身分法案制定為正式法律，該法案為來自阿富汗、巴基斯坦和孟加拉等國家移民獲得印度公民身分的途徑，只要他們不是穆斯林。儘管如此，在前所未有的發展中，出現原本移民到美國、澳洲和波斯灣沿岸國家的印度籍後裔的回歸。[4]

亞西爾（Yassir）就是這樣一位印度移民的兒子。他出生於克里夫蘭，在洛杉磯長大，多年來，一直以「克里夫蘭印度人」的身分向棒球隊致敬。亞西爾十歲時，家人帶他去印度，他一點也不喜歡那裡。「我不明白。我覺得那裡很髒，充滿異味，非常噁心。我是典型的加州小子，來自洛杉磯，一切都閃閃發光。突然之間，我到了一個沒有自來水的地方。我想，『你怎麼不洗澡？沒有衛生紙怎麼辦？你怎麼沒有這麼多基本的東西？』」他不明白為什麼父母會把他帶到這麼可怕的地方，並發誓永遠不會回去。

在亞西爾的童年和青少年時期，父母孜孜不倦地工作。他的父親阿米爾（Amir）是建築師，母親莎胡兒（Shahoor）在家有僕人的環境中長大，在被迫嫁給阿米爾並移居美國之前，曾獲得寶萊塢經典電影的主演角色。對她來說，不得不工作，更不用說像她那樣做清潔工，是一段迫使她嚴肅思考的經歷。因為母親無暇顧及，亞西爾、他的妹妹莉雅（Lia）和弟弟伊姆蘭（Imraan）只能自生自滅。伊姆蘭不斷陷入麻煩，一直令家人擔心。亞西爾艱難地讀完高中，勉強獲得加州大學聖巴巴拉分校錄取，主修有機化學，有種「我不該如此」的沉淪感。在他大學二年級時，勉強同意返回印度與家人團聚。

「感覺就像回到家，」亞西爾回憶，「我小時候來這裡的所有可怕記憶突然消失。我很感激能回來。一九九七年十二月的某個晚上，整個家族聚集在浦那一家高級飯店參加派對。某個時刻，我站在外面抽菸，透過門口，我看到祖母比比君（Bibijune），她是溫暖的一家之主，非凡的女士。光暈中，她坐在一百人中間，每個人都在幫她拍照……我覺得我真的看見她的光環。很難解釋，但透過這種景象，我突然清醒，感覺與整個宇宙相連。這就像直到戴上眼鏡才知道自己看不清楚，一切都變得清晰起來。我突然明白我從哪裡來，想去哪裡，並流下喜悅的淚水。我終於清楚自己從前不理解的一面。」亞西爾當下決定搬到印度和祖母一起住。家人沒有認真看待他的決定，並告訴他「沒有人從美國去印度」。但他的心意已決。

回到加州後，亞西爾在當地一家冰淇淋店找到工作，儘管店家最初告知並未招聘。「我拒絕了他們的拒絕，並不斷回去，直到他們心軟。在那個冰淇淋店工作是很棒的經歷。我喜歡待在那裡的每一秒。我就像一個在糖果店裡的孩子，試驗所有的配料、軟糖、醬汁，所有一切。人們會進來說：『喲，亞斯，隨便給我什麼。我相信你。』我有特別的口味，南瓜冰淇淋是我的祕方。」

亞西爾存了錢，暫時從大學輟學，在印度待了八個月，最終永久定居在那裡，正如所夢想的一樣和祖母一起住。在印度時，他徒步穿越喜馬拉雅山脈，在克什米爾的贊斯卡河上漂流時差點淹死，然後在前往喜馬偕爾邦古老的印度村莊馬拉納的途中，又因口渴、飢餓和疲憊而險些喪命。在西藏流亡政府總部麥克羅甘吉，他甚至見到了達賴喇嘛。「他出來見我們。我們只是排隊站著，每個人都在哭，他握了我的手。對我來說，這是精神之旅的巔峰。這讓我覺得，如果這一切都發生在我這個來自洛杉磯郊區的骨瘦如柴的孩子身上，那麼凡事都有可能。」

「你知道，亞西爾，印度需要好的冰淇淋！」一位他在家庭婚禮上遇到的紳士納亞爾（Nayyar），在他們於孟買再次見面時這麼告訴他。亞西爾感到吃驚，然後意識到，除了印度的傳統冰淇淋 kulfi，他在印度已經兩年沒有吃過冰淇淋，因為西方的口味和選擇通常都很糟糕。接下來的週末，他們在孟買的萬豪酒店再次碰面，討論一起製作冰淇淋，並且注意到那裡有自己的冰淇淋櫃。

他們將此視為預兆，並說服酒店的冰淇淋櫃允許亞希爾在廚房工作，並學習製作冰淇淋。現在他的技術可不只是像在洛杉磯那樣創造花俏的配料。與此同時，他在附近的三一冰淇淋分店進行了小型市場研究，以了解銷售情況和客戶流量。「那麼印度有美國冰淇淋嗎？」我問。亞西爾皺著眉說，「當然有。但他們做得不對，品質就跟麥當勞的冰淇淋差不多。我知道美食有其利基市場。與此同時，納亞爾前往義大利，說服利古里亞一家屢獲殊榮的冰淇淋店科斯坦佐・馬拉托（Costanzo Malatto）成為新業務的合作夥伴。這需要花點心思，但最終，馬拉托喜歡我們的提議，想要讓一個擁有超過十億人口的國家體驗他的冰淇淋所帶來的魔力。」

在為新企業取名時，描述自己過分樂觀的亞西爾認為：「愛是一切的答案。於是我跳起來，走到電腦前，把這個詞輸入谷歌翻譯，得知『愛』的義大利文是 amore。我說：『啊，這是個好詞！』而 amoregelato.com 這個網域也沒有人使用，所以我趕緊下手。我說：『我們做的事和愛有關，這就是我們的店名。』這就是店名的由來。二〇〇六年，我們在孟買開了第一家店。」

愛的冰淇淋（Amore Gelato）立即引起轟動。「我們是孟買同類商店中的第一家。在六個月內，我們開了四十家分店。到年底，共有七十家。然而，並非一帆風順。亞西爾和同事們經驗不足，受到了豬流感、罷工、孟買恐怖攻擊和二〇〇八年全球經濟崩潰的沉重打擊。該公司也陷入了債務和稅務問題。他們被迫削減到二十五家店，但亞西爾努力工作，最終讓業務重回正軌。

亞西爾在印度的生活接連成功。他建立了幾家相關公司，並在二〇一九年慶祝了結婚四週年紀念。他的妻子帕麗（Pari）是藝術家、演員和廚師。他回到印度在家族中引發了一股潮流。他的母親跟著他回來並重新開始表演。「事實上，」亞西爾說，「整個印度就像一間巨大的劇院。它提高了人們的刺激限度。一旦你來到這裡，之後的一切都變得不一樣。我回到美國時，只感到麻木。一切都太簡單明確，」他感嘆道，「在這裡，一切都很瘋狂。沒有固定的規則。這使事情變得困難但令人振奮。印度效率不高，但這正是使我們如此有彈性的原因。在印度發展業務並取得成功後，我知道我可以在任何地方開展業務。」

亞西爾和伊斯梅拉都覺得他們的出生地無法提供他們發揮潛力的機會，因此離開。這麼說可能會讓人感到意外，但美國經濟對企業家並不特別友好。美國的「有員工的企業出生率」，也就是每年新出現的至少有一名員工的新企業，與世界其他國家相比數量較低。瑞士、墨西哥、巴西和瑞典等多元化國家在這項指標上都超過美國。[5]

雖然亞西爾有幸出生在一個強大的經濟體中，但那裡並不適合他所擁有的技能，而且，從新世代學全球指數的標準來看，那裡對年輕人沒有吸引力。印度之所以更適合他，正是因為「沒有固定的規則」。由於他的才華在美國沒有立足之地，他搬到可以發揮才華的地方。正如印度市場急需他銷售的冰淇淋產品，印度市場也急需像亞西爾這樣的年輕人。有人覺得，美國的市場已經飽和——既有冰淇淋小販，也有受過高等教育、希望能夠發跡的年輕人。

對於亞西爾和伊斯梅拉來說，有推力，也有拉力。他們當然可以在美國和塞內加爾謀生，但由於各種原因，這些地方的經濟停滯不前，或者不支持他們的特定技能、性格類型和目標。像中國和印度這樣新興的世界超級大國，正在吸引年輕的企業家，並因此獲得巨大的投資回報。這種情況對像亞西爾或伊斯梅拉這樣的移民有利，也對中國和印度這些遷移的目的地有利。每個人都是贏家。

其實也不盡然如此。因為，可能還有一個輸家——在這些情況下，是塞內加爾和美國。沒有國家願意失去所有有才華的年輕人。也許流失青年移民的國家能夠迅速採取應對措施。在二十一世紀，建立一個對年輕移民有吸引力的國家，延伸的意義是，建立一個對年輕人有吸引力的國家。也許，透過仿效對年輕人更友好的挪威，像英國、美國和法國這樣的國家可以更輕鬆看待年輕人離開的現象。首先，將有充滿活力的年輕人湧入以平衡這種現象，其次，如果這些國家讓自己變得有吸引力和充滿活力，英國人、美國人和法國人在國外學到的技能很可能會在之後回歸，並由下一代帶回家。

在英國，國際學生提供大學部門大量資金，而英國非常有幸吸引世界上最富有的聰明人（較貧窮的聰明人傾向於去其他地方）。二〇一八年，英國院校招收世界各地的四十五萬名學生，其中約三分之二來自歐盟以外的國家。然而，令人驚訝的是，英國一直努力不留住他們。二〇一二年，當時的內政大臣德蕾莎・梅伊（Theresa May）提出「敵意環境」政策，取消許多學生簽證。以從前的經驗來看，就讀英國大學的國際學生在完成學業後有兩年的時間找工作，當時可能會縮短到四個月。結果是，只有六千三百人在完成學業後留在英國，創下歷史新低。強生政府在二〇一九年扭轉了這個政策，因此我們可能會看到更多年輕人在完成學業後留在英國。雖然是陳腔濫調，但青年是「未來」。任何理智的國家都應該努力吸引年輕、有活力的人──而不是創造將他們趕走的「敵意環境」。

離開運動和青年經濟學全球指數有部分是受到良好的意圖所驅動──幫助年輕人在看似對他們不利的世界中蓬勃發展。他們為許多國家提供經驗，但也有可能被視為對上一代勒索：「善待我們，讓我們很年輕時就有工作和權力地位，否則我們會去另一個更歡迎我們的土地，讓你自生自滅。」情況若是繼續擴大，有可能會建立一種我們與有活力的他們之間對抗的氣氛，不僅是世代之間的對抗，也是流動與靜止、游牧與定居之間的分裂。

◆

雖然幾乎每個人都可以在本章中看到這種遷移的好處，擁有熟練技能的工作者以前會四處尋找最好的機會，有時並將這種經驗帶回家鄉，然而，還有另一種不可能返回家鄉的遷移，而我們的反應也變得不那麼有幫助和清楚，那就是難民。閱讀自由派的報紙會看到報導者將難民描繪成完全無助的個體。右翼人士的觀點則是將難民視為潛在的第五縱隊，不可信且寄生。

然而，人類這個物種最早的遷移很可能是因為逼不得已，所以最早的移民就是難民。由於氣候變遷等原因導致過度捕獵，最早的人類被迫尋找新的牧場。不可能把所有難民一分為二，要不是無助的受害者，要不是為了奪取權力不擇手段的有害生物，不是嗎？陳腔濫調的背後發生了什麼事？誰是真正的難民？還有更複雜、更正向的故事要告訴讀者嗎？

註釋

1. 'The Best Hope for France's Young? Get Out.' *New York Times* (29 June 2013).
2. See also Ronald Lee and Andrew Mason, 'Population Aging and the Generational Economy–A Global Perspective'.
3. 就像「一切都與班傑明有關」這句俗語一樣，因為美金的百元鈔票上印著班傑明・富蘭克林（Benjamin Franklin）的臉，而人民幣的百元鈔票上印著毛澤東的臉。
4. 'India is not being overrun by immigrants.'*LiveMint* (18 July 2019).
5. https://www.theatlantic.com/business/archive/2012/10/think-werethe-most-entrepreneurial-country-in-the-world-not-so-fast/263102/

第六章　難民與社群：（不要）回到你來的地方

天空一片漆黑，拉明・圖恩卡拉（Lamine Tounkara）幾乎看不到他的同伴們向海灘走去。五天前，他離開家鄉塞內加爾的坦巴昆達，搭乘公共汽車從一個城鎮到另一個城鎮，然後來到沐浴在撒哈拉陽光下的無聊邊境小鎮羅索，並從此進入茅利塔尼亞，接著繼續乘車、步行，越過群山後到首都諾克少。他在那裡和其他人會合，並換搭其他交通工具，直到抵達灌木叢林地。為了前往西撒哈拉邊境的沙漠，他們不得不更加小心，利用夜間步行移動。當他們穿過沙漠時，拉明無法肯定自己身在何處。終於，他聽到了——一開始就像輕聲低語，然後聲音愈來愈大。爬上最後一個沙丘，看到了大西洋。他們一路走了這麼遠，現在已經不能回頭。

承諾會出現的獨木舟結果只是破舊的船隻，滿是漏洞，引擎也只能勉強運作。但拉明和同伴已經感到很幸運。他們在塞內加爾聽說，想要冒著生命危險搭乘獨木舟試圖進入歐洲的年輕人，常常只能絕望地試圖以划槳來穿越大西洋。他們勇敢地面對海浪，將破舊的木筏推入海中，爬上去，讓馬達運轉，然後立即開始用水桶把水倒出筏外，以免沉沒。

「我很興奮，但也嚇得要命。那是我一生中最可怕的時刻，」拉明向我解釋，「最可怕的是未知。我們對前進的方向只有模糊的概念，而且一路都坐在水裡。我們希望自己能橫渡大西洋，但事情的真相是，我們聽從西撒哈拉的走私者給予的模糊指示。」接下來的時間感覺起來就像永恆，在凌晨，拉明的鄰居緊張又興奮地用手肘碰他：「你看！有海鷗！」九十分鐘後，他們在離拉斯帕爾馬斯不遠的大加納利島著陸，拉明成功抵達西班牙。當時是二〇〇三年二月。

拉明登陸加納利群島的當時，非洲人多年來都冒著生命危險乘坐木筏前往該地。一九九四年，第一批非洲人到達的是富埃特文圖拉島，船上有兩名撒哈拉（西撒哈拉）青年。年復一年，月復一月，數字一直增長。到了二〇〇三年，數以萬計的人賭上運氣，其中許多人在途中溺水身亡。因為不久後就有船隻一次運送數百人偷渡，船隻偷渡造成的危機在接下來幾年裡達到高峰。二〇〇七年，西班牙國民警衛隊的巡邏、與該地區國家的遣返協議，以及西班牙大蕭條的消息，讓試圖穿越的人數逐漸減少。自二〇〇八年以來，每年到加納利群島的移民不到一千人。[1]

二〇一八年一個陽光明媚的春日，我在巴塞隆納機場和拉明首次見面，距離他第一次踏上西班牙已有十五年。他站在入境大廳外的計程車司機同事中間，大多數人都在吸命運女神牌（Fortuna）香菸。拉明沒有，他戴著優雅的太陽眼鏡、身穿剪裁合身的斜紋棉布褲、完美無瑕的白襯衫和海軍藍毛衣，在眾人之中脫穎而出。當我們的目光相遇時，他咧嘴笑了笑。幾個月來我們一直交談並互傳訊息，很高興終於能親自見面。

拉明看起來很出眾。他也很會挖苦人，他的幽默感讓他很快就能破冰。我為了補充咖啡因，和拉明在隱藏咖啡廳（Hidden Café）坐下。這個時髦店家的所在地萊斯科茲狄薩里亞（Les Corts de Sarria），以前是村莊，現在是加泰隆尼亞首府的一個時尚街區（各處都有不斷變化的邊界）。我思考著要如何講述他的故事，想把他塑造成英雄，於是開始談論他的英勇。但他一點也不喜歡這個主意。「親愛的朋友，我不是英雄。我並非獨力完成此事。讚美並感謝上帝，上帝在我的每一步都與我同在。然後還有其他人。當然，也有非常孤獨的時刻，我不只一次被包括我自己在內的各種人整慘了。但也有無數人幫助過我，幾乎每一步都有人幫忙，包括我在這裡和家鄉的朋友……還有許多其他人：巴基斯坦人、德國人、法國人，你想得到的都有。」

拉明說到對這裡的移民體驗至關重要的事情，對難民來說尤其重要。除了閱讀、寫作和計數的能力（我們絕不應該認為這種能力普遍存在，即使在富裕國家也是如此），新游牧族最重要的貨幣不是金錢，而是改善不同人之間的關係和與他人交往的能力、結識朋友的能力——即所謂的人脈技能。這對難民來說尤其必要，因為它通常是他們唯一擁有並且可以增加的貨幣。

當然，這不是我第一次如此聽說。造就好的新游牧族的特質就能造就好人。我們說穿了還是需要社群的動物。因此，這一章討論難民，但也討論人脈和社交。難民經常被描繪成受害者或肇事者。鮮為人知的是難民對人脈的依賴和創建。簡而言之，如果沒有受人幫助，你就無法在沒有錢的情況下環遊世界。針對幼兒的研究表明，如果有能力，他們會本能地幫助有需要的人。[2]對彼此的需要存在於我們的基因，[3]而且無論年齡大小，我們的本能是走向地位和能力同等的人，以尋求和提供援助。

對於像拉明這樣的移民來說，能夠依賴人脈關乎生存。沒有錢幾乎不可能移民，就算做了也非常危險。即使有錢也可能同樣危險。近年來，在歐盟的默許支持下，利比亞出現非常多的難民營，而大多難民到達那裡時已經花費了相當多的財產，家鄉的親戚必須辛苦許多年才能償還那些費用，許多人甚至需要幾十年。卻可能因為各種複雜的因素，看到移民的希望破滅，生活支離破碎。金錢只能讓你走一段路。如果沒有運氣、精明，以及在抵達西班牙時可以依靠的穩固人脈，更不用說與陌生人相處的不可思議能力，拉明的旅程將不可能完成。

回到二〇〇三年，西班牙海岸警衛隊在海灘上接走了拉明和他的同伴，並將他們帶到難民拘留中心。他在那裡待了大約二十天。來自塞內加爾等與西班牙簽署遣返協議的國家的被拘留者會立即被驅逐出境。拉明在象牙海岸長大，擁有該國的公民身分，並故意扔掉塞內加爾護照，因此收到一份給予他庇護的文件。這份文件不允許他工作，但給了他自由。他甚至被問到，在西班牙他想去哪裡。他選擇跟隨其他三十人飛往該國東南部的莫夕亞，因為這是容易的選項。不久之後，巴塞隆納的「表親」寄了一張客運車票給他，讓他搭車過去和他們會合。

跟許多非洲人一樣，拉明自由地賦予諸如「堂兄弟」、「兄弟姐妹」、「叔叔、阿姨」和「爸爸、媽媽」等詞含義。通常情況下，這實際上意味著一起長大的朋友，或者朋友的母親。有時甚至僅意味著一位與家人住在一起的女士，以幫忙照顧孩子和家務，來換取餐桌上的座位和睡覺的墊子。這種團結是他的世界中的日常現實。在拉明看來，「這是我們身為穆斯林、身為非洲人、身為人類的責任。只要有可能，我們就會互相幫助；我們不會猶豫。」舉例來說，我問：「為你的旅行付費的巴塞隆納人是真正的堂兄弟嗎？」果然，他回答說，「嗯，你知道的，一個叔叔的朋友的朋友……」擴大的親屬關係網絡是游牧生活的因和果；

新游牧族的社區意識因不扎根於單一空間而更加堅定。

到達巴塞隆納後，拉明沒有浪費任何時間。他立即開始在一所成人學校學習西班牙語和加泰隆尼亞語，並在市政廳志願幫助其他移民找到自己的方向。「身為新來者，沒有比幫助其他人了解這個地方該注意些什麼更好的方法，」拉明思考著說，「沒有比教書更好的學習方式。」至關重要的是，當他在加泰隆尼亞充滿活力的首府站穩腳跟時，他可以依賴大量的「兄弟、叔叔和堂兄弟」來支持他。人們提供住宿地點，邀請他共進晚餐，並告訴他在黎明時分該出現在哪裡，以便受僱做點臨時工：家務、野外工作和油漆。

二〇〇四年，他剛到這個國家不到六個月，拉明一個名叫姆巴克．卡巴（Mbake Kaba）的「堂兄」打電話給他，介紹他一份自己一直在做但必須放棄的工作——在一家稱為雷霆大賽（Thunder Competition）的公司處理汽車排氣問題。拉明毫不猶豫地接下這個未申報的工作。他知道這種工作最終可能會讓他獲得合法工作的證明。拉明工作很努力，雇主也對他很滿意，甚至為他加薪。最初，他們仍然不願意協助他取得合法的工作證明。拉明機敏地應對，主動提出離職，免去公司的麻煩。該公司的回應是要求他留下來，並給他一張工作許可證和一張效期為一年的身分證。第一年之後是第二年，然後是第三年，最後，在第五年之後，他取得了西班牙的居留權。

那時，拉明聽說又有一位西非「堂兄」成為計程車司機。拉明參加一門課程，藉由探索整個城市（主要是步行）來了解巴塞隆納的街道。三個月後，他考取駕照。不久後，和他一起拿到駕照的朋友帕布羅（Pablo）和他共享一輛計程車的所有權，買了第二輛車，並要拉明繼續當司機的同時經營這家小公司。二〇一七年，拉明成立自己的計程車公司。他沒有立即擴大公司的計畫，目前只想專注於家庭。

拉明童年時，擔任推銷員的父親在塞內加爾的生意變得清淡時，看到了在曼鎮開店的機會，曼鎮是可以通往賴比內亞和幾內亞的象牙海岸邊境小鎮。他用租來的小型巴士裝載家裡的行李，全家在一天內就搬到那裡。「我們不像搬到另一個國家。只是認識新的人和新朋友。我們其實是移民，卻沒有這種感受，也沒有人這樣看待我們。」我問拉明，他年輕時的移民經歷是否影響他在西班牙身為移民的道路。「當然有！在各種層面上都有！小時候，我想要幫助父母，並且立刻意識到，身為商人和新來者，最重要的優先事項應該是弄清楚如何贏得人們的信任。當你落腳在完全陌生的地方時，這是最重要的事。信任來之不易，卻很容易失去。我從來沒有忘記這一點。這是我在西班牙生活的指導原則。」

在象牙海岸長大，豐富了拉明的生活。「感覺就像是，認知到自己是更大的新俱樂部的一員。這些日子裡，當我遇到來自西非各地的人，尤其是來自象牙海岸的人，覺得就像家人

的愛爾蘭社區，是由一八〇〇年代間逃離襲擊愛爾蘭的嚴重飢荒的人所建立。

現代的以色列也是在第二次世界大戰和大屠殺之後建國，國民由逃離毀壞家園和納粹迫害的猶太人組成。一九四八至一九七〇年間，一百一十五萬猶太難民逃往以色列。一九五二年，有二十萬人住在滿是帳篷的城市，一無所有。把時間快轉到今天，美國和以色列都是蓬勃發展的經濟體，他們成功地將這些難民同化為更廣大的人眾。這甚至不是同化的問題——這些難民就是更廣大的民眾。

與其他移民相比，難民運動背後的動機十分獨特，而且更加極端。但是，無論是他們在路上所學到的，或是到達新家時所教給我們的，都與我們迄今為止在本書中看到的其他移民相同。難民必然是人脈網絡中的專業交易員，而且隨著世界變得比以往任何時候都更加相互連結，任何東道國都應該對他們擁有的技能感到興奮不已，並欣然接受。成為對尋求庇護者來說的壞主人，不僅在道德上是荒謬的失敗，也是自我破壞的行為。像拉明這樣的難民提供東道國如此多的貢獻，卻在新聞媒體或民粹主義政客口中被當成寄生者，不僅是道德上的錯誤，也是毫不正確的攻擊。雖然沒有犯錯，卻被迫遠離家鄉的難民，知道親屬關係的價值，而且，正如拉明的故事所表達的，無論他們身在何處，都繼續培養這種親屬關係。在這人們愈來愈孤獨的時代，以及愈來愈多的人在流動的時代，那些能夠創建社區的人應該在選擇安家的地方成為受尊敬的公民。

然而，這並不是說人們對難民的不安完全沒有依據。的確有令人擔憂的理由。隨著世界更加混亂，隨著氣候變遷迫使愈來愈多人離開家園，會有愈來愈多的難民產生。顯然，一個國家不可能完全沒有上限地歡迎無止盡的移民。這的確存在著實際的問題：要把難民安置在哪裡？是否有足夠的空間來教育孩子？地方和社會服務機構是否有足夠的資源來應對需求？我們如何以及在什麼基礎上限制接受的難民人數？

每個國家都必須根據自身狀況找到答案，而本書的目的不是要說「英國：一百萬；法國：一百五十萬」等等。相反地，我打算在這裡描繪一種開放的倫理。在考慮如何以及在什麼基礎上時，常被誤認為是卡爾．馬克思（Karl Marx）所說，但其實是來自路易．布朗（Louis Blanc）的那句話，「各盡所能，各取所需」，似乎是一條明智的經驗法則。以這一點來看，我認為中央集權的政府在安置難民方面往往做得很糟糕。由於人數集中在大都市，難民被隔離和孤立。他們很難知道自己最終會落腳在哪裡，也幾乎沒有機會在遠離「難民」稱呼的情況下開始重建生活。然而，經過深思熟慮和明智地將難民分配在全國——尤其是那些急需年輕人的地方——可以延長這種已經持續了數千年的連續輸入過程，而不是引起對「入侵」的恐懼。

如此一來，人們經常表達出的對於難民的擔憂或許就會開始消失。例如，許多人害怕，支持難民等於獎勵那些透過為難民提供祕密旅行服務而從中獲利的罪犯。這是我們在電視螢幕上看到的；當小艇試圖穿越英格蘭和法國或地中海之間的海峽時，我們憤怒的對象是人口販子。但解決辦法很明確：如果東道國不將難民拒之門外，難民就不會被迫進行如此危險的旅程，也就不需要人口販子的服務。因此根除人口販子最佳方法是先接受會有難民到來，然後立法，並組織基礎設施，以扼殺犯罪集團，防止他們從人道主義危機中獲利。

萬一難民中有恐怖分子怎麼辦？同樣地，如果一個國家準備好接受難民，他們可以在這些問題出現之前就開始解決。激進化是由疏離和絕望所引起的。確保有一個系統讓難民得到住所、食物，在受歡迎的社區落腳，並給予像樣的工作，這將比以往更嚴格的安全程序更能保護大眾。大家應該要記得，大多數的恐怖攻擊都來自歐洲中對伊斯蘭教的荒唐解釋，發動的人是歐洲的激進分子，而不是來到歐洲的外國人。對難民適用的也適用於他們——社會若是沒有疏離、絕望的人民，就不會產生恐怖分子。

健康顧慮也是如此，這些顧慮一開始就被誇大。如果無法發現結核病和新冠肺炎，就會造成危險。如果地方制度允許人們容易尋求庇護，代表可以透過篩檢找到疾病。真正的危險在於，由於跨越邊境很困難，帶著健康問題的難民偷偷跨越邊境，並非法工作，在多數情況下，衛生專業人員和流行病學家看不到這些難民。接受難民並想辦法照顧他們，表示可以為他們篩檢疾病，並確保更廣大民眾的安全。

也許，出於個人原因，拉明在前文中談到的社區意識讓我產生特別強烈的共鳴。社區的連結有可能相當鬆散，就像拉明第一次來到西班牙時依靠的「堂兄」，但只要在他們之間有著牽絆，可以凝聚成團結友愛的氣氛，就很難打破因為夥伴關係而產生的結合力。

我知道這一點，因為每天，我至少要打四通電話給分居世界各地康復中的其他酗酒者和成癮者。我早上打電話到希臘、印度、東非、澳洲、紐西蘭和夏威夷，午餐時間打電話到法國、倫敦或德國，下午三點以後打電話到美洲大陸。每週一次，來自各大洲的這群人會進行電話會議。我們談論自己的康復、表現、想法、問題、快樂、恐懼和希望。這麼做所帶來的和別人連結的感覺，以及心靈的平靜和祥和，無價。

旅行時，即使我身處於完全陌生的城市或國家，大部分時間我都可以上網，也能在附近找到可以與完全陌生的人圍成一圈並分享無條件支持和愛的場所。我在布朗克斯和東京、塞內加爾和馬來西亞、堪薩斯和布蘭登堡、杜拜和拉斯維加斯、希臘和澳洲都如此做過。成為這個團體的驕傲成員讓我無論走到哪裡都感到安全。當我在嚴冬時節初次搬到瑞典時，也是藉此克服孤獨感襲來時的動彈不得，並獲得所需的心理和精神支持，直到找到自己的方向。

康復中的朋友歡迎我到他們家，讓我坐在沙發上。他們提供食物，最重要的是，在我情緒低落時聽我說話。我有幸為他人做同樣的事，並且在這樣做的過程中，進入為了自己能保持清醒和清潔而無私的神奇良性循環。當我回顧自己成為酗酒者和成癮者的原因和過去，其所造成的痛苦、傷害，再回顧康復時的生命奇蹟，我了解這種可能永遠存在的連結會是我極大的資產，並且確實是我生命中的美好遭遇。

不是每個人都是癮君子，但每個人都有可以與其他人形成社群的原因。無論你喜歡電子遊戲還是足球、日本水彩畫、智利葡萄酒、內觀冥想、歌劇、嘻哈、探戈、拼字遊戲，或國際象棋、暗物質或恐龍（或兩者都有），你身上總有一些東西可以點燃人脈。關鍵是，你不需要以現有的人脈來啟動。在這個時代，你需要的只是一種激情——以我的情況來說是一個問題——或者甚至只是對某件事、任何事物的興趣，以便與那些將來可能會讓你藉此開始的人建立聯繫，無論你希望去哪裡。

在這個溝通和建立人脈的方式不斷變化的時代，人脈對移民的重要性因此受到極大影響並產生深遠的結果。社群媒體成癮會對健康造成極大損害，並對他人意見產生不健康的依賴，同時卻替其實應該為我們的個人資料付費的單位創造廣告收入。但是，當利用社群媒體作為離線時的真實聯繫方式時，它就具有極大的價值。事實上，這些技術可以說是這個新游牧族的時代最重要的發展。化石燃料帶來的密集旅行很可能會受到全球碳稅的嚴重影響（希望如此），因為我們很晚才開始面對高熵、能源密集型文明所造成的異常成本和損害。資訊密集型技術的未來可能會比較光明。

例如，自二〇一五年以來，委內瑞拉面臨拉丁美洲歷史上數一數二快速、大規模的人才外流，導致社群媒體上出現諸如「阿根廷的委內瑞拉人」和「馬德里的委內瑞拉人」等的社團，讓有抱負的委內瑞拉移民能夠輕鬆找到並支持彼此。但新科技也使我們能夠根據其他從屬關係找到同好。較舊的網絡，例如將僑民相互之間以及與祖國聯繫起來的宗教、民族和種族網絡，仍然具有很大的影響力，但這個時代的特點是新游牧族可以快速和輕鬆地利用新網絡，以及這些網絡出現和發展的速度和容易程度。

◆

二〇一四年一月二十七日凌晨，混亂聯盟和俄羅斯聯盟的部隊準備發動攻擊。這場即將開始與N3和流行軍團對抗的史詩般戰鬥，被稱為B－R5RB的血洗大戰，將被證明是萬聖節戰爭的決定性轉折，時間長達二十一小時，涉及來自世界各地的七千五百人。

如果你還沒有聽說過這場戰鬥，那可能是因為你沒有進入《星戰前夜》（*EVE Online*）這款有史以來最古老、最著名的角色扮演電玩遊戲。維基百科上說，《星戰前夜》是一款「大型多人線上遊戲。遊戲設定於科幻太空場景中」。用更普通的術語來說，就玩家互動而言，這是一個極其龐大和複雜的宇宙（遊戲總共包含七千八百個可供玩家造訪的恆星系統，而玩家高達數十萬）。《星戰前夜》的魔法中，一個關鍵組成部分與熵（熱力學第二定律）在遊戲中存在這一事實有關，玩家無法取消EVE宇宙中已經發生或發生的事情，其中包括無腳本的經濟競爭，與其他玩家的戰爭和政治計畫。

每年一次，《星戰前夜》的線下活動聚集了雷克雅維克成千上萬的遊戲玩家。玩家來自不同的地方，文化和背景也各異。眾所周知，《星戰前夜》玩家會為彼此的冰島之旅提供資金，團隊將資金集中，為預算不夠的成員提供旅費和冰島知名高級飯店的住宿費用，並制訂複雜的時間表，以便團隊中每個人，有時甚至是整個聯邦，可以見面聚餐。

十八歲的布林哈爾·艾米爾森（Brynjar Emilsson）在雷克雅維克的一家小吃攤賣熱狗。他從五歲起就一直在玩另一個名為《魔獸世界》的多人遊戲。在奇幻遊戲中——這些遊戲都是從角色扮演遊戲《龍與地下城》所衍生出來的線上遊戲後代，是我這一代的許多書呆子，包括我自己，很喜歡的遊戲——他的化身名為艾特拉薩菲（Etlasafi）。某一天，艾特拉薩菲在遊戲中遇到了另一個名為克林森（Crimson）的角色。兩人對這款遊戲充滿熱情，以至於像世界各地的玩家一樣，願意每月支付十五美元的訂閱費，一起殺死半獸人和地精。沒過多久，他們就已非常了解彼此，因此，二〇一四年，布林哈爾去保加利亞度假時，去到朋友工作的商場，和對方見面，把虛擬的友誼變成現實。那次相遇的全部前提是，一名冰島青少年透過在虛擬的電玩遊戲中合作，與一名保加利亞青少年成為朋友，從而有了現實生活中的會面；這是幾年前無法想像的情況。這種前所未有的連結方式不僅在個人或教育上，也對我們的政治，有著深遠的影響。

在新游牧族的一生和周遊世界的過程中，可能會加入新的部落。這不是一種新奇的偏差，而是根深蒂固的人類習慣。然而，這種流動性對許多人來說並不真實，他們認為某些形式的親屬關係（民族、宗教和種族忠誠）應該超過所有其他形式。他們的論點是這樣的：想像你是一位熱愛奈及利亞文學的威爾斯女性。這樣的愛好不會影響你的人生選擇。你不會像蒙大拿州的川普支持者亞倫找到宗教信仰相同的人結婚一樣，尋找愛好奈及利亞文學的伴侶。本著同樣的精神，如果你是騎摩托車的人，你可能會覺得世界各地騎摩托車的人很親切。但那樣的感覺永遠不會勝過你對國家的忠誠。

但是對於新游牧族來說，民族團結很可能會被更多更有利的身分所取代。例如，艾特拉薩菲和克林森背後的人之間的共同點可能比冰島人和保加利亞人之間更多。雖然接受這樣的網絡並不意味著拒絕他們的根源或部落，但《星戰前夜》玩家之間的結合力和團結遠遠超出年度聚會發生的事。眾所周知，《星戰前夜》玩家幫助其他玩家找到新工作，並為他們的房屋安排保險。有些人因此結婚生子。

跨國和跨地域趨勢網絡既立足於當地，又注入了全球社會風氣和共有的歸屬感，是新游牧族的天然家園：從下一章馬上就要介紹、具有相對優勢條件的數位游牧族，到來自貧窮國家的難民，都因為人脈而學習並蓬勃發展，所擁有的共同點也因此比我們想像的要多。許多人因為人脈茁壯成長，並進而成為專家介紹人。我們可以在布林哈爾身上看到一些拉明的影子，反之亦然。是否能與能力和地位同等的人加以連結，是恐懼且憤怒的難民與蓬勃發展人士之間的根本區別。

這就是西方國家失敗的地方。當難民到達時，他們很可能有過讓他們不如拉明那麼友善的經歷。他們可能受到創傷、感到脆弱或無法恰當控制自己的情緒。但是，正如我在書中介紹自己與成癮的抗爭中所經歷的那樣，可能會產生創傷後的成長和創傷後的壓力。在此澄清，我並非將自己的經歷等同於難民的經歷，我要說的是，對於吸毒者來說，支持團體是加速康復的第一要務。

因此，在難民的經歷中也有一個相同的真理。除了給予住所和食物等生活必需品——或許是勉強提供——還需要為難民提供社區。然而，和庇護申請相關的官僚程序往往會孤立他們。這些過程可能將他們與其他難民分開，也許更重要的是，與東道國民眾分開。抵達後，我們應該盡一切努力讓難民得以開始建立人脈網絡，並融入社區。在這個數位時代，正如《星戰前夜》的例子所示，在現實生活中，比以往任何時候都更容易遇到和自己有共同興趣的人。然而不幸的是，許多國家採取的一系列政策，從英國的敵意環境到美國的邊境拘留營，都阻礙了難民建立社區的能力。

除了所代表的道德失敗之外，這也是對人類潛力的驚人浪費。他者化是這種浪費的核心。透過標籤難民，並相應地（糟糕地）對待他們，我們限制了他們蓬勃發展的能力。我們如何才能不受標籤束縛？

註釋

1. MacGregor, M., 'Spain's Canary Islands–still a magnet for migrants'. *Info Migrants* (11 June 2019).
2. Tomasello, M. *Why We Cooperate.* MIT (2009).
3. Monbiot, G. *Out of the Wreckage*. Verso (2017).

第七章　標籤的限制

定義屬於定義者，而不是被定義的人。

——引自《寵兒》，托妮．莫里森（Tony Morrison）

二〇一八年十二月，里昂一名主修建築的年輕學生搭乘土耳其航空的商務艙飛往東京，這次旅行由土耳其航空出資，而他的工作是將旅行經驗拍成影片發表。在撰寫本文時，他的YouTube喜劇頻道擁有近三百萬粉絲，這個數字對航空公司來說極具吸引力。但阿姆爾．馬斯昆（Amr Maskoun）不是典型的YouTuber。阿姆爾的法語說得極好，聽他說話你幾乎不會發現他是敘利亞難民。

我第一次見到阿姆爾和他的哥哥沙姆（Shahm）時，正在離里昂不遠的一個村莊寫作。他們在那裡住了一個週末。我立刻被兩兄弟的舉止和認真以及看起來的不同所震驚。沙姆堅強、有男子氣概且固執己見。他身材很好，但穿著樸素。另一方面，阿姆爾瘦弱、害羞、打扮中性，有點像時尚達人。一開始他很安靜，但一旦你讓他說話，他會變得活躍。他模仿別人時很搞笑。我很容易就能想像他在舞台上表演脫口秀的樣子。

長子沙姆為家人打頭陣，想辦法前往法國並讓全家得以在那裡團聚。從那以後，他的形象更像是父親，而不是阿姆爾的哥哥。他現在在巴黎擔任華為技術公司的電信工程師。他選擇讓家人在更安靜的里昂市安頓下來。

像大多數同齡的敘利亞人一樣，兩兄弟經歷了很多事，但是很清楚自己是幸運的敘利亞僑民。阿姆爾離開敘利亞那年十二歲。當該國南部爆發戰爭時，阿勒坡的人民認為衝突永遠不會影響到他們。沙姆在南方學習工程學，參加了和平抗議活動，結果遭到逮捕和刑求。他被釋放時立刻逃離當地。很快地，士兵突然出現，尋找沙姆（強迫他加入他們的陣營），闖入他們家，大喊大叫，並以一種急切而帶有威脅的方式盯著男孩的妹妹加茲娃（Ghazwa）。這種情況足以讓他們的父親瓦希德（Wahid）把家人送到土耳其。他們希望「內戰一結束」就回來，但從未實現。

戰前，這家人生活得很優渥，住在市中心一個高級社區的舒適公寓裡。母親拉瑪（Lama）出身貴族，擁有阿拉伯文學學位。她和瓦希德初遇時，並不太喜歡出身貧窮、沒有上大學的他。他從街頭小販開始，但後來建立了蓬勃發展的進出口業務。戰爭來臨時，阿姆爾才參加完一系列重要的考試，而且和其他青少年一樣，比較在乎學校和朋友。瓦希德將家人送出敘利亞後，他們為了找到可以讓阿姆爾上高中的地方，在土耳其、黎巴嫩和阿拉伯聯合大公國之間漫遊了一年。二〇一三年，他和母親及妹妹在土耳其安頓下來，獲准一次停留一年。阿姆爾在安卡拉的一所土耳其學校上了一年課，然後在伊斯坦堡的一所阿拉伯語學校度過接下來的四年，並以優異的成績畢業。

在伊斯坦堡，沙姆和阿姆爾的另一個兄弟納德爾（Nador）長達幾個月白天擔任導遊，晚上則睡在公園的長椅上。當拉瑪、加茲娃和阿姆爾抵達土耳其時，兩個哥哥已經抵達法國，並獲得永久難民身分。與妹妹和母親一起待在安卡拉的阿姆爾陷入嚴重的憂鬱，大部分時間都鎖在自己的房間裡，拒絕學習土耳其語，因為他討厭敘利亞人在土耳其受到的待遇。最終，沙姆和納德爾存夠錢買了一台 iPad 給阿姆爾，他開始利用觀看 YouTube 上的影片並重複發音來學習其他語言。

這家人一直擔心瓦希德會像許多敘利亞人一樣被政府殺害。一直是家中開心果的阿姆爾決定讓家人保持心情愉快。鄰里親友慘遭屠殺的消息不斷傳來，讓人無法視而不見。家人的心理健康不能等閒視之，於是他開始拍攝喜劇短片。他的第一支影片探討了「蘇珊」遇到的麻煩。在齋月期間，家族和朋友在一天的齋戒結束時聚在一起吃豐盛的晚餐，這個十幾歲的女孩不得不洗碗。我和他一起看這支影片，因為我幾乎不懂阿拉伯語，所以他在旁翻譯，看得我捧腹大笑。他的朋友和家人都喜歡這支影片，於是他以類似的方式製作了更多影片。

有一天，他沒有多想就在 Facebook 上發布了一篇文章後，與朋友出去，幾小時後回來，發現文章已經在網上瘋傳。蘇珊的母親被稱為蘇珊媽——這個名字是以孩子的母親而非本人來稱呼阿拉伯婦女的女性主義式嘲諷。阿姆爾所塑造的蘇珊及其家人形象，使他成為阿拉伯世界極受關注的 YouTuber。他也扮演了她家庭的其他成員：缺席的父親和丈夫、兄弟，還有她早熟的小惡魔妹妹。不久之後，阿姆爾成為社群媒體明星。

三年後，阿姆爾和家人一起住在法國。除了母語外，他的法語說得和里昂人一樣好，英語也很流利。他還忙著讓自己融入法國社會，去了解什麼可以讓法國人發笑。阿姆爾對語言充滿熱情，也在學習新的語言（目前是義大利語）。他的語言學習從聲音開始，然後會記住詞彙並練習與他人交談。「如果我們像法國人那樣從語法開始，將一無所獲。難怪這個國家沒有人會說英語來挽救他們的人生。哪有人會用自己不會說的語言寫作？」

阿姆爾相信幽默可以連結人們，並且成為和平的有力工具。一起笑就是一種連結。幽默是旅行者和所遇之人最自然的連結方式。當你和某人一起笑時，就不會同時他者化對方。

阿姆爾擁有許多據說是千禧世代缺乏的特質：他非常有道德、謙遜和渴望學習；他很矜持，但為自己是難民感到自豪。當我問他對此有何感想時，他真的跳了起來：「我不只是驕傲。我非常感謝自己是難民！不僅僅是因為我們是幸運的倖存者。在敘利亞、土耳其和法國長大是令人難以置信的特權。無論上帝給我什麼試煉，我內心深處都知道我可以處理。身為移民讓我學習並敞開心扉。」

那麼阿姆爾・馬斯昆是敘利亞難民、移民還是成功的阿拉伯 YouTuber？將人們貼上標籤——難民、移民、外籍人士——導致我們過度簡化實際複雜的情況。當然，除了阿姆爾之外，還有成千上萬的年輕敘利亞難民並不那麼幸運。每個故事都以自己的方式獨一無二。真正重要的是去看我們談論的人的性格和個性，而不是我們給他們貼的標籤。阿姆爾成功離開敘利亞的經過和在國外蓬勃發展的故事不一定非得是例外。

◆

繼我們對難民和網絡的討論之後，在本章中，我們將思考，在日常談話中，愈來愈常將「移民」（適用於在出生國以外的國家生活一年或更長時間的人）和「難民」這兩個詞混為一談。同樣地，我們根據移民的來源和目的地、膚色以及貧窮（或富有）的程度將移民歸類。

當然，重要的是要區分出於自身選擇遷移或出於必要遷移。前者是社會流動的體現，可以自由選擇目的地；後者是社會正義議題，是離開的自由議題。

用特定的詞語形容特定類型的移民有其充分理由，最主要的原因是，這麼做使我們能夠識別最需要保護的人。牛津大學經濟學家保羅・柯利爾（Paul Collier）在他與亞歷山大・貝茲（Alexander Betts）合著的《避難所》（*Refuge*）一書中解釋了我們為什麼提出「難民」一詞，以及為什麼我們將他們與其他移民區分開來。他解釋，難民因戰爭、飢荒、自然災害或迫害而不得已遷移——他們正在尋求避難所。這使他們與選擇遷移的人處於不同的類別。正如瑞典移民局局長米凱爾・里賓維克（Mikael Ribbenvik）向我指出的，如此區別才能確保逃離政治迫害、戰爭或種族滅絕的人，得到移民政策日益嚴格的國家所提供的特殊待遇。

但這種健康的區別導致一種不健康的雙重標準：遷入的移民通常被形容成富侵略性或悲慘的人，「來到這裡」為我們的社會帶來負擔，而遷出的移民則被大眾描繪成只有富人才能執行的計畫。一條規則適用於「我們」，另一條適用於「他們」。事實上，幾乎所有的遷移都有個人、政治和社會因素。

本章將展示如何更能夠打破我們幫別人貼上的標籤，讓我們尊重他們本人，而不是他們來自哪裡或為什麼而來。

我為喬治亞政府工作數年，擔任民間外交官／聯絡人和媒體關係顧問，其中一個工作是請來歐洲和美國的意見領袖，讓他們了解這個非凡的小國。在親眼看到之前，大多數人對喬治亞的印象不過是俄羅斯軍隊在鄉村和破敗村莊中漫遊的圖像集合，就像在車臣可以見到的樣子。當他們離開時，他們認識了這個國家豐富多彩、自豪和慷慨的人民、知名的美食、超現實的氣候多變、位於伊斯蘭教和基督教十字路口的位置、驚人美麗的古字母以及大膽（有些人會說魯莽）改革派的政治領導風格。為喬治亞人工作讓我因此認識薇拉．科貝利亞（Vera Kobalia）。

一九九二年，薇拉十一歲。由於蘇聯解體，喬治亞一個特別令人驚嘆的地區阿布哈茲，也是她的家鄉，爆發了戰爭。阿布哈茲反對該國新獨立的政府和俄羅斯支持的阿布哈茲分離主義勢力，這是二〇〇八年俄羅斯坦克重新入侵該地區並說服委內瑞拉、尼加拉瓜、諾魯和敘利亞承認其為獨立國家時發生的情況的預演（而二〇〇八年的情況又似乎反過來變成二〇一四年俄羅斯入侵烏克蘭的試行，阿布哈茲至今仍被占領）。

戰爭開始後不久，搶劫變得猖獗，一天晚上，士兵洗劫薇拉家。第二天早上，他們逃到喬治亞首都提比里斯，在那裡待了一年，然後搬到莫斯科。原本是數學教授的父親憑藉著邏輯思維，將自己重塑為成功的商人，但莫斯科的幫派犯罪很快使生活變得危險。在愈加嚴重的勒索壓力下，他申請了加拿大的永久居留權。兩年後，這個家庭獲得永久居留權，並且可以選擇居住在一座城市。他們去了書店，只找到一本關於加拿大的書，是溫哥華的旅遊指南。在對加拿大其他地方幾乎一無所知的情況下，他們選擇了溫哥華。

他們在一個新的世界，用新的語言和新的規則重新開始生活，結果做得非常好。幾年之內，薇拉的母親開始從事IT工作，薇拉的父親創立了一家成功的素食麵包店，而薇拉本人拿到商業學位並為父親工作。身為在國外蓬勃發展的年輕喬治亞女商人，她引起國內政府官員的注意。當喬治亞總統米哈伊・薩卡希維利（Mikheil Saakashvili）在二〇一〇年冬季奧運會期間訪問加拿大議會時，在演講中提到她的名字，稱她為喬治亞成功移民的典範。薇拉回到喬治亞，與他人共同創立一個非政府組織來幫助流離失所的阿布哈茲人，很快就成為這個小國的知名公眾人物。年僅二十八歲的她被任命為經濟暨永續發展部部長。

我記得在巴黎和提比里斯與她和喬治亞人稱為「米夏」（Misha）的薩卡希維利一起舉辦晚宴。薇拉和我一起前往矽谷，與特斯拉和谷歌等公司以及舊金山市長會面。薇拉不管到哪裡都成為焦點。人們幾乎掩飾不住驚訝，這位美麗的年輕女子竟然是政府的重要人物。擔任部長期間，她摒棄了繁文縟節，使該國在世界銀行的經商便利度排名，從第一百四十一名上升到第十一名。然而，過程並不溫和。與腐敗的對抗伴隨著受柴契爾夫人啟發的改革，許多喬治亞人因此傷痕累累，於是在二〇一二年投票讓薩卡希維利下台。

薇拉並未停下腳步，繼續為其他國家提供建議。儘管對一黨制國家持保留態度，她仍嘗試為哈薩克政府工作，只不過為時不久。「四、五個月後，我們的關係結束。他們一直告訴我，我的想法太具革命性。我不想讓自己身陷囹圄。」在那之後，她為東歐中更溫和的政府提供建議。然後，在二〇一五年，她移居雅加達，為印尼貿易部長和總統佐科・維多多（Joko Widodo）的幕僚長擔任顧問。

與此同時，她的女兒阿納絲塔西婭（Anastasia）已經成為這個家庭「真正的新游牧族」。阿納絲塔西婭這個名字在喬治亞常被暱稱為「妮諾」，而六歲的妮諾打從出生就總是在路上，不斷旅行。她對這種生活方式早就習以為常，到處都有朋友。在雅加達，這個喬治亞小女孩在一所澳洲人開的幼兒園學中文。上一次全家拜訪新加坡時，薇拉和丈夫在計程車上用喬治亞語交談，對女兒說英語，而妮諾開始唱中文歌。新加坡是世界上種族最多樣化的地方，當地的計程車司機通常對這種事不以為意。但是薇拉清楚記得，司機把車停下來詢問，「你到底是哪裡人？你女兒的中文說得比我的孩子還好，而我是中國人！」

薇拉於二〇一八年在香港的亞洲全球研究所任教任職，二〇一九年和家人一起返回溫哥華，擔任新西敏的經濟發展委員會和幾家加拿大公司的董事會成員。她向有抱負的年輕新游牧族透露一個重要的訊息。她的人生讓她以阿布哈茲農村的難民身分去到溫哥華。她回去喬治亞，現在又以成功的加拿大人身分回到加拿大：「如果不是因為被迫移民，我父母的餘生都會做同一個工作，待在同一個地方，我的生活將會大不同。我很感激有機會去世界的另一端。因為我們被迫搬家，我才能成為現在的我。」

儘管以這種方式談論難民似乎令人不安，但是對於薇拉來說，無論環境如何，移民都有其好處。前幾章強調的遷移所有絕佳好處可能對每個移民都適用，無論他們遷移的原因是什麼。或者至少，如果難民不被視為不同類型的人，遷移就有可能是好事。

◆

店主一臉陰沉地走進來的時候，穆斯塔法．薩拉吉（Mustafa Al Saraj）正和同事擠在商店後面。工作人員原本在親切隨意地聊天，氣氛突然轉為緊張的沉默。店主斯文．拉爾森（Sven Larsson）眉頭深鎖，準備好要對員工說話。他召集緊急會議，十三名員工都要參加。有些人才剛結束輪班，還穿著紅綠相間的 7-11 制服。其他人那天原本不用上班。經理深吸了一口氣，用準確、毫無表情的瑞典語解釋了這個問題。「夥計們，帳目數字不相符，」他說，「我已經檢查又檢查。只有一個結論——有人偷錢。」這一小群人無精打采又坐立不安。然後，十二個人一個接一個轉過頭去，責備地盯著角落裡害羞的年輕人。由於他是少數沒有偷竊的人，因此其他員工密謀要陷害他。

與薇拉對加拿大的喜愛相反，穆斯塔法剛到瑞典時並不容易。他出生在敘利亞大馬士革，父母是逃離海珊殘暴政權的伊拉克移民。他在二十三歲時以難民身分來到斯德哥爾摩，沒有朋友、沒有錢，不懂瑞典語，也無處可去。他在一家網咖睡了幾個晚上，在網路論壇上搜尋有沒有人可以接待身無分文的移民。瑞典就是瑞典，他最終在網上找到一個好心人，願意在他找工作的時候提供他暫時的棲身之地。

他在斯德哥爾摩市中心的 7-11 找到工作，並開始在以瑞典語和英語教學的大學學習經濟學。他現在負擔得起食物和房租，但除了工作和學習以外，幾乎沒有空閒時間。「我的生活在工作和學習之間永無止境地循環。我會盡我所能，因為我需要現金。因為通勤總共要花兩個半小時，所以經理讓我睡在後儲藏室的地板上，連續工作十八個小時。這個工作很辛苦，我經常感到筋疲力盡，但這正是我當時所需要的。如此一來，我就沒時間考慮自己的處境而感到難過。」

當他的老闆召開決定命運的緊急員工會議時，穆斯塔法已經擔任三個不同的 7-11 的店長六個月。斯文認為穆斯塔法是很好的員工。他支開所有人，把穆斯塔法拉到一邊。「你為什麼這麼做，穆斯塔法？我給了你工作，提拔了你，給了你額外的班次，讓你在需要的時候睡在這裡。」

激烈的發言後，穆斯塔法只從制服口袋裡拿出一本破舊的筆記本，遞給經理。裡面有一張寫著日期和時間的清單，記錄了他發現同事從收銀台偷東西的時間。他的老闆親眼從監視器上看到偷竊現場，揪出了小偷。穆斯塔法回憶說：「他很生氣。他後來告訴我，他從未感到如此羞恥。」雖然穆斯塔法一開始因為憤怒和受傷而離開，並拒絕接聽電話，但他的前任老闆並沒有鬆懈，經過幾個月的努力，終於透過另一名員工找到了他。他來到穆斯塔法的家門口，連連道歉，甚至淚流滿面。穆斯塔法同意回來為他工作。

斯文更進一步表達歉意。不久後，他建議穆斯塔法自己當老闆，加盟 7-11，在斯德哥爾摩的時尚天堂索德馬爾姆開店，並介紹他與相關人士聯繫，也將他推薦給同事。即使不必擔心拖欠租金，穆斯塔法在籌集必要資金來購買新店時也遇到困難。銀行拒絕他的貸款申請，但因為斯文和他的朋友都知道他正直而坦率，願意借錢給他籌集資金。他在買下店面的那一週搬進去。房子很髒，到處都是老鼠和蟑螂，但他清理乾淨，將其變成寶石。斯文退休後，他賣給穆斯塔法第二間加盟店，是斯德哥爾摩最好的一間加盟店。

經過精心管理，他得以加盟更多家店，在不久之後擁有八家加盟店。「當斯文幫我加盟第一家店時，我知道這是我的機會，我也抓住了它。我努力工作，比我這輩子其他時候都還要努力。我每天從開門營業到關門都在店裡。錢滾滾而來。」

穆斯塔法在第二個孩子出生後，決定賣掉他的大部分加盟店，以便有更多時間陪伴妻子澤妮布（Zeyneb）和孩子。「我發現自己錯過了孩子生命中最美好的歲月。我女兒五歲，但我幾乎沒有時間陪她。我從未做過父親會對孩子做的事，尤其是在瑞典。我需要改變。」所以穆斯塔法成為優步司機，這樣就可以按照妻子和孩子的日程安排工作，過家庭生活。這種情況並未持續。不到六個月的時間，公司就注意到他在斯德哥爾摩所有司機中評分最高，並很快提供他一份總公司的正職工作。他現在是團隊負責人，負責整個斯堪地那維亞的司機培訓計畫。

將人們劃分為像阿姆爾這樣的 YouTuber、像薇拉這樣的僑民，或像穆斯塔法這樣的難民並沒有意義。阿姆爾和薇拉也是難民；穆斯塔法也是優步的高階主管。當然，這些都是特別成功的難民。但這正是重點。匆忙貼上標籤會延續我們有多麼不同的刻板印象，卻無法專注於我們的共同點。標籤會成為自我實現預言。不同類型的移民不必然是不同類型的人。雖然他們遷移的理由不同，個人、政治和社會刺激因素不同，但他們的故事表明，昨天的難民明天可能會有所不同，通常有各種可能。

重申這一點很重要，因為很顯然的是，薇拉認為，我們生活的時代，遷移的固有利益受到根本性的質疑。為了開始嘗試理解遷移為什麼得到不好的名聲，我們將一探流動性最強的新移民，那就是數位游牧族。

第八章　「數位游牧族」的興起與衰落

二〇一八年春天的一個星期四下午，一群二十到三十歲的人聚集在倫敦市中心一個聯合辦公空間的多功能廳裡。角落裡有個臨時酒吧，一位調酒師分發當地小型釀酒廠出產的免費試飲IPA（印度淡色艾爾）啤酒。「什麼是小型釀酒廠？」一位與會者問道。一個留著大鬍子的男人笑了。與會者三三兩兩地站著，用英式英語或美式英語，或者較不普及的各式語種交談。氛圍很隨意——大多數人都穿著運動鞋和T恤，但也有少數人穿著西裝外套。

在週四下午這樣的上班時段喝啤酒很少見。但是，對於那些在場的人來說，這種活動顯然是他們職涯中的例行公事。該活動是「數位游牧族」的聚會，他們在全球漫遊，使用筆記型電腦，遠距完成所有工作。他們沒有固定的老闆，沒有固定的辦公室，幾乎不隸屬於任何公司，並且可以隨時隨地自由工作。「這是旅行迷的夢想，」一位與會者若有所思地提出。他們藉由這樣的活動和別人建立聯繫，他們大多人是第一次見到同事。一些與會者多年來一直在網上聊天，但從未真正面對面。「他看起來和他的大頭貼不一樣，」其中一位開玩笑說。受到質疑的人因此臉紅。

在新冠肺炎肆虐之前，就已經有愈來愈多的人開始遠距工作，並且出現了一種新的全球勞工階層。當我在二〇二〇年夏天寫這篇文章時，正值新冠肺炎大流行，遠距工作呈指數級成長，數百萬勞工不得不採取這種方式工作。跟許多事情一樣，這種流行病加速了一種已經萌芽的趨勢：現在辦公室的位置不如在網際網路時代之前那麼重要。對於那些有幸從事「辦公室工作」的人來說，根本不需要「辦公室」。

乍看之下，這個概念極具吸引力，尤其是對年輕人而言。你可以無限期地旅行，並按照自己的方式完成工作。隨著網際網路連接遍布世界各地，甚至延伸到非常鄉下和偏遠的地區，似乎在任何地方都可以工作。沒有固定的時間，沒有單調的例行公事，沒有人告訴你該做什麼。快速搜索「數位游牧族」一詞，你會看到很多年輕人露齒而笑，稱讚在泰國海灘工作的優點。不得不說，這聽起來確實比在英格蘭斯勞的辦公室工作要愉快得多。我應該在這裡指出；我完全理解這種生活方式可以帶來什麼樣的樂趣。正如我希望這本書能說明的那樣，我喜歡旅行，也認為這很重要。我堅信遷移的正向力量，也喜歡坐在沙灘上（雖然不能太久）——我不是石頭做的。事實上，多年來，我本人就是數位游牧族。

不可避免，數位游牧族不一定會留在他們的出生國。他們大多來自與我們北方全球化意識中具有一定財富和地位相關的國家，很少有來自簽發綠色護照（主要是穆斯林）的國家。例如，巴基斯坦的數位游牧族很少，因為這些護照不允許免簽證前往許多其他國家。也許不足為奇的是，能夠搭機出國自然也就帶有其他形式的特權。數位游牧族往往來自富裕國家，也往往來自這些國家的富裕階層。線索在於「數位化」——這些工作者往往是專業人才，並且出身自知識經濟。雖然在技術上可行，但沒有任何YouTube頻道會宣傳某一天在中國的工廠工作，隔天又在巴西的工廠工作，這樣在全球移動的好處。

新冠肺炎大流行期間出現了一種新的護照特權。在二〇二〇年大部分時間裡，身為美國公民，出國旅行非常困難。但如果你是雙重公民，你可以先用另一本護照離開，這讓許多美國人爭先恐後試圖獲得基於外國血統而來的不同護照（像愛爾蘭這樣有豐富移民歷史的國家，實際上暫停允許美國人利用愛爾蘭血統申請公民身分）。這種現象不僅存在於美國。想想看，無論何處，都幾乎不可能阻止持有不同國家護照的人離開。在新冠肺炎大流行的時代，雙重國籍代表了自由。

典型的數位游牧工作可能包括平面設計師、程式設計師和作家。但實際上任何可以遠距完成的事情都可以成為數位游牧族的職業。事實上，倫敦市中心聯合辦公空間的業務範圍與口音都可說是各式各樣。有些人寫了個人旅遊部落格（事實上，其中不成比例的人做了這件事）。旅遊部落格是數位游牧的龐氏騙局：「透過閱讀／觀看我提供有關如何讓旅行獲得報酬的建議來支付我的旅行費用。」

還有些人經營複雜的商業機構，如數位創意和廣告公司，遠距工作人員遍布數十個國家。有些人在去英格蘭中部地區探親的路上停留一夜。有個人在前往北愛爾蘭的途中。許多人在倫敦執行專案。其他人則前往世界上更負擔得起生活所需的地方：許多人提到的數位游牧熱點，如泰國的清邁、盧安達的首都吉加利或哥倫比亞的麥德林，那裡的生活成本相對較低，因此，這些當代游牧貴族的生活品質很高。他們通常的做法是在當地逗留幾個月，結交一群當地朋友（當然，其中一些會繼續保持聯絡），並找到幾家喜歡的當地咖啡館。之後飛往紐約、東京或柏林等其他大城市，並重複一樣的程序。

在那個房間裡，當「游牧族」一詞出現時，我懷疑是否有人想到圖阿雷格人（Tuaregs）或我們的狩獵採集祖先。相反地，這些自稱為游牧族的年輕人中有愈來愈多人符合二十一世紀會有的內在含義。現代性及其對高度機動性的痴迷已經像許多其他事物一樣，徹底顛覆了游牧生活。二十世紀中葉的歐洲游牧生活是關於無家可歸以及不想要和不受歡迎的流浪。

在二十一世紀初，除了那些帶著筆記型電腦在異國情調海灘上的年輕人，很容易看到無數名人和社交名流的引述，他們似乎嚴格認定，高規格旅行和五星級飯店在某種程度上才符合游牧生活的條件。事實上，這正是矽谷（乃至整個世界）所幻想的人生的兩個基本階段：學習編碼並成為數位游牧族、創建新創公司、變得非常富有，以及接受真正的全球游牧族的生活方式，成為全職的旅行者，沒有固定的住所、工作地點或在地的朋友圈，自己在世界各地漫遊。寫這本書時，我最深刻的體悟發生在上次訪問在達沃斯舉辦的世界經濟論壇時，當時突然想到，那裡應該是最歡迎游牧生活概念的地方。

《經濟學人》從二〇〇〇年代開始刊登特別報導，報導這種手持黑莓手機（多麼古怪）和筆記型電腦繞著地球跑的新型年輕商人。當時，這似乎是愈來愈以四處移動為特徵的時代所造成的新奇成果。但這個想法有更早的先例。在一九八〇年代，為法國總統密特朗提供建議的經濟學家賈克·阿塔利（Jacques Attali）使用「超游牧」（hyper-nomad）」一詞，來描述在流動性已成為衡量特權的最佳標準時，菁英的一種新思維方式。

我從二〇〇四年到二〇〇六年在《國際先驅論壇報》工作時，是這種新型游牧族在技術上的挑戰版本。我經常在該報行銷部門所在的倫敦，以及自該報於一八八七年作為歐洲版《紐約先驅報》（*New York Herald*）創刊以來，其新聞編輯室所在的巴黎之間往返。令我非常高興的是，ＣＮＮ要求以「超級通勤者的崛起」為題採訪我。

經驗的他在全球就業市場上的就業機會要大得多。他搬回阿根廷，以遠距自由業者的身分，利用在美國的人脈尋找工作。他是真正的數位游牧族。

二〇一八年夏天，我們在他當時居住的巴黎見面時，貢薩洛已經遠距工作了五年，利用彈性的生活方式待過紐約、芝加哥、東京、斯德哥爾摩、馬爾他、新加坡、香港、巴塞隆納、埃斯特角城和智利的聖地亞哥。他不僅能夠在這些地方生活，而且還過得很好。由於貨幣貶值和通貨膨脹猖獗，十年來大多數阿根廷人一直在勉力尋找工作，更不用說過著體面的生活。貢薩洛因為工作量太大，不得不開始拒絕工作。他估計，即使能在家鄉找到類似的工作，報酬也只會是遠距工作的百分之二十左右。

當我們在巴黎見面時，他在國際招聘平台 Jobbatical 擔任軟體工程師，這家新創公司幫助企業從世界各地招聘員工並加以調動。Jobbatical 由具有超凡魅力的愛沙尼亞人卡蘿莉・辛德里克絲（Karoli Hindriks）領導，她懷抱著熱情所畢業的奇點大學（Singularity University）是世界上最知名的科技烏托邦作家雷蒙・庫茲維爾（Ray Kurzweil）的心血結晶。幾個月前，當我在塔林的公司總部拜訪她時，那裡的感覺、氣味和外觀彷彿就是我在山景城、紐約和巴黎參觀過的谷歌辦公室的縮影。這家公司和它提供的服務如出一轍。這種氛圍有種獨特、後民族主義、科技愛好者的感覺。這些員工來自埃及、美國新墨西哥州或新加坡，是典型的 Jobbatical 用戶。該公司的網站主要鎖定有抱負的數位游牧族（遵循零售電子商務的模式）。從那時起，訊息傳遞變得更加企業化，該公司將品牌重塑為「高效、可靠的移民合作夥伴，適用於超高速成長的新創企業和全球公司」。

數位游牧生活已成為大生意。自二〇〇〇年代初期以來，成千上萬渴望旅行的年輕人放棄朝九晚五的工作——如果曾經有過工作的話——來參與這種有吸引力、冒險且通常有利可圖的生活方式。Jobbatical 的利基市場變大。如今，整個行業充斥著以生活方式為主題的會議、線上課程和出版物。他們的承諾總結為一個簡單而誘人的主張：「獲得報酬以環遊世界。」

然而，當我們在拉丁區一家咖啡館的吧台旁聊到可頌麵包時，我感覺到貢薩洛有些不對勁。喝飲料時（他喝咖啡，我喝巧克力牛奶），他告訴我他對數位游牧生活經驗的真實看法。

這個問題與為 Jobbatical 工作無關，這是「一家優秀的公司，有卓越的人才」。問題出在生活方式本身。貢薩洛先針對一般人對數位游牧生活的想像發表評論。「如果你曾經嘗試在沙灘上工作，你就會知道其實很痛苦，」他說，「陽光照到電腦螢幕上，無線網路連線總是不順暢。人們會在 Instagram 上發布這樣的照片，卻不會在現實中做這樣的事。數位游牧族的生活並不全是廉價啤酒和屋頂派對，還有許多無人談論的平凡事務，只因不符合社群媒體建立的俐落形象。這是艱苦的工作。在旅行中保持高效真的很困難。每次你降落在某個地方，都需要一段時間才能安頓下來。即便如此，也需要超群的紀律。你可以自由選擇喜歡的時間和地點工作，但是工作量仍然必須和其他人一樣多，甚至更多。工作是生活裡最重要的事。」

沒有通勤路線，沒有辦公室，也沒有設定工作時間。貢薩洛描述了一個世界，在其中，沒有一個具體障礙能將個人生活和職業生活分開，全都混在一起，進入同一個空間，有時甚至是同一個房間。對他來說，狂看 YouTube 或網飛而不工作，不是開玩笑，而是真正的危險。他很快就被捲入另一個現實，使他從為了養家餬口而辛勤工作，變成了精神緊張的殭屍。當我在二〇二〇年底撰寫這本書時，這一切聽起來都相當熟悉。新冠肺炎迫使許多上班族的生活開始變得與貢薩洛所描述的非常相似。隨之而來的是，心理健康問題和網飛訂閱量猛增。

相反的隱藏危險是永遠停不下來。工作和家庭之間的區別變成關閉筆記型電腦，而在一天結束時，要把電源關閉變得更具挑戰性。「總是會有下一件待辦事項要做，」貢薩洛解釋道。

為了解決這個問題，他制訂一種苦行的習慣，無論身在何處，都會執行。他有兩台筆記型電腦——一台供私人使用，另一台已去除任何干擾，用於工作；另有一箱上班用的服裝，儘管他很少離開家，但每天早上都會換上轉為上班模式。他的行李中甚至還有一台咖啡機，這樣就不需要做太多改變。即使只是微小的變化，都可能會讓情況出差錯，並浪費一整個工作天。「遠距工作時，雇主衡量你表現的唯一方法就是生產力。所以我必須對自己非常嚴格，」他解釋道。

這種嚴格最終讓貢薩洛無法招架。他變得憂鬱、沮喪及疲憊。他最初將其歸因於與正在學習成為時裝設計師的阿根廷女友分手（她是他來巴黎的原因）。但在他回到阿根廷尋找自己的方向後，意識到自己出現一些更深刻、更嚴重的狀況：「我在時間和空間上感到孤立、脫節和迷失方向，從未真正感到踏實或與周圍環境交流。我逃離激烈的競爭，卻在旅程中再度創造它。我總是同時間感到匆忙或追趕不及。從來沒有好好停在『當下』。我發現我的黃金國（Eldorado；譯註：一個古老傳說，最早是始於一個南美儀式，部落族長會在自己的全身塗滿金粉，並到山中的聖湖中洗淨，而祭司和貴族會將珍貴的黃金和綠寶石投入湖中獻給神）讓我很痛苦。我心想：「如果沒有真正看到這個世界，那麼看這個世界有什麼意義呢？」我意識到生活變成了一個巨大的悖論。我每隔幾週就會到一個新的國家，理論上聽起來很棒，但我不得不強迫自己不要去探索它以完成工作。」

二〇一九年，貢薩洛決定在巴塞隆納定居，並與來自阿根廷家鄉的兒時好友法蘭柯

（Franco）成立一家時事通訊媒體公司。

當時很少有人意識到，現在也是如此，提出游牧生活專屬於、甚至主要是關於長距離移動的說法有多麼矛盾。然而，移動性顯然是數位游牧生活的基本元素。他們不只是在海灘上工作，而是在相當短的時間內，在許多不同的海灘上工作。

二〇一三年，二十四歲的英國人詹姆斯·阿斯奎斯（James Asquith）成為最年輕就前往全球一百九十六個國家旅遊的人（在短暫的銀行業職涯之後，他相當精明地推出了換屋旅遊〔Holiday Swap〕應用程式，讓人們可以在假期時交換住房）。二十三歲的美國人泰勒·德蒙布朗（Taylor Demonbreun）於二〇一七至二〇一八年大部分時間裡，都在試圖打破阿斯奎斯的世界紀錄，以及來自康乃迪克州的二十七歲部落客卡西·德·佩科爾（Cassie De Pecol）於二〇一五年創下的最快速紀錄。德·佩科爾花費十八個多月造訪了同樣數量的國家，並在 TrekWithTaylor 網站中記錄她的經歷。德·佩科爾透過代言和儲蓄作為旅行的資金，「總共花費十六萬英鎊」，並為地球帶來不確定的溫室氣體排放量。我最喜歡的英國環保主義者喬治·蒙貝特（George Monbiot）一定會很高興聽到，德·佩科爾透過「談論永續旅遊」和在她的 Instagram 粉絲專頁上行銷來資助旅行。

數位游牧族在某種程度上是全球菁英的最新、更廣泛和更具包容性的迭代，這也是為什麼年輕人，包括我年輕時，會覺得這個詞以及這樣的生活方式如此吸引人的重要原因。在特權階層將流動性視為終極地位象徵的時代，已故的哈佛政治學家薩繆爾·杭亭頓（Samuel P. Huntington）在二〇〇四年發表的一篇文章[1]建構於阿塔利諷刺游牧生活就代表流動性的基礎上，他用「達沃斯男士」（Davos man）一詞來形容新一代的全球菁英。這些金領階級「幾乎不需要國家忠誠，將國界視為正在消失的障礙，並將國家政府視為過去的殘餘，其唯一有用的功能是促進菁英在全球的運作。」

◆

遷移仍舊是改善社會和經濟條件的重要方式。許多來自貧窮國家的新游牧者仍然主要著眼於讓自己和親人擺脫貧困。即使在較富裕的國家，年輕人尋求利用科技和增加的流動性來追求某種版本的美國夢也毫不奇怪，他們日復一日在社群媒體、YouTube 和網飛上觀看最喜歡的電視劇或電影。

若考慮到二〇〇八年後在倫敦、紐約和巴黎等許多城市中心形成的房地產泡沫的背景，位置的獨立就更有意義。如果你是二十多歲的英國大學畢業生，擁有能夠在任何地方工作的驚人優勢，並且想節省房租，那麼你會選擇柏林而不是布拉福——柏林擁有文化機會，並且能提供全球性大城市的服務，但至少在幾年前，生活成本比較接近布拉福，而非像哈克尼這樣的倫敦自治市。經濟活力、商業信貸和購買力都能夠吸引新游牧族。但對於愈來愈多人來說，其他考慮因素正在發揮作用，甚至慢慢成為主要因素。

與我談過的許多數位游牧者都經歷過貢薩洛在某個時刻所經歷的某種存在危機。完全不移動會讓思維變得狹窄，無法看到大局，無論是比如弄清楚想過什麼樣生活的個人層面思考，還是迫切需要採取果斷行動反對氣候變遷的那種大規模思考。但數位游牧族在過去二十年中發現的是，不停移動讓思維變得膚淺和寄生，也讓我們迷失方向：生活變得悲傷且難以忍受。

有部分原因是缺乏社群。不斷移動時，很難維持友誼和關係。但即使社群確實存在，也很難投入。我是指在時間和財務上。像清邁這樣的地方，優勢在於有很多年輕、相對富裕的西方人，但他們不一定要納稅或以任何直接方式投資於當地經濟，除了購買咖啡和啤酒。同樣地，幾週的時間不足以與當地人建立有意義的友誼或了解他們的文化。很多時候，數位游牧者可能身在加德滿都，但正在與其他數位游牧族共度時光。所在地點可能會改變，但正在進行的對話以及與之交談的人不會改變。

此外，這種瘋狂而不加思索的旅行也會帶來環境成本。從倫敦飛往羅馬的航班，每名乘客的碳足跡為兩百三十四公斤。每人一次合理的短途飛行所產生的二氧化碳比馬達加斯加公民一年排放的還要多。如今世界上最貧窮的國家之一馬達加斯加已經感受到氣候崩潰的效應，而這對於當地人民的生活正產生不利影響，以至於許多人民試圖離開。當我們考量到以上情況，這種不公平的巨大規模變得更加複雜。而我們在北半球的人目前未受影響，移民只是其他奢侈行為的延伸。儘管我已經大幅減少飛行次數，但即使在新冠肺炎大流行之前，我也無法解決這個問題。

我寫這篇文章的時候，新冠病毒嚴重打亂數位游牧族的生活，也讓其他人一窺這樣的生活。新冠肺炎讓我們看到，比預期要多得多的人可以在家工作。隨著數百家企業關閉辦公室但繼續營運，情況變成，即使大流行趨緩，許多上班族似乎不想回到長途通勤或狹小辦公區的日常工作。同時，也有許多人遭到解僱，這意味著壯大數位游牧族行列的自由職業者需求旺盛。另一方面，隨著航班停飛，定義數位游牧族生活方式的流動性已經結束，儘管只是片刻。在可預見的未來，隨著旅行受到影響，過去幾年旅人因為簽證到期因素遊走於各邊境之間的情況，不太可能繼續有增無減或保持不變。

這種情況可能還有另一個很好的理由。新興研究（Emergent Research）的創始合夥人史蒂夫・金（Steve King）寫道：「在危機時期，人們會回歸家庭和朋友，回到他們感到非常舒適的地方。」該公司自二〇〇五年以來一直在追蹤遠距勞動力的崛起。金引用有關健康風險提高和跨越國界困難的資料，預測在有疫苗可用之前，沒有範圍限制的數位游牧生活方式將無法進行。軼事類型的證據表明，「大多數位游牧族以某種方式返回祖國。」[2]

然而，認為有一種成為移民的「好」方式，並暗示這種方式不是數位游牧，讓我感到不舒服。環遊世界，看到許多不同事物，瀏覽各種地方並加以體驗，可以帶來很多好處。我認為將貢薩洛的數位游牧生活與他在巴塞隆納的生活之間加以區別，並視為人生的兩個階段更有意義。年輕、冒險、飢餓、探索的階段轉變成更緩和、簡單、節儉的階段。

我的感覺是，游牧生活是一個相當寬泛的術語和思想，可以包含以下兩件事：可以是關於成為當地人，也可以是關於放慢速度和步行。在經歷了狂熱的高流動性旅行之後，更多人將對地方主義和社區意識有更明確的感受，因為這種遷移會產生對這種根深蒂固的渴望。從本質上講，數位游牧族是我所認為的新游牧族的原型。他們是全球化世界的代表人物，並且（不幸但非常容易理解的年輕人自鳴得意傾向）展示了四處走動的好處。然而，隨著時間的推移，事實證明他們對遷移的膚淺態度並不令人滿意。無所寄託的他們忘記了游牧生活一直是植根於牧場的生活方式：重點在於地方，而不僅僅是行動。

雖然在環境上遭遇的困境讓我們不得不重新考慮全球旅行的步伐，但要求年輕人跳過冒險階段直接擁抱當地，就像要求青少年表現得像父母一樣。人們需要獲取時間和經驗來成長，但也需要能夠以不破壞環境的方式達成。這是一個大問題；我們被拉向兩個完全相反的方向。

在接下來的章別中，我們將研究如何化圓為方。我們可以鼓勵游牧生活，並同時對環境負責嗎？我們可以在尊重要前往或經過的地方的同時繼續前進嗎？那些留下來的人會怎麼樣？

註釋

1. Huntington, S. P. *Dead Souls: The Denationalization of the American Elite*. The National Interest (2004)
2. https://www.washingtonpost.com/lifestyle/travel/with-the-pandemic-shutting-borders-digital-nomads-find-it-harder-toroam/2020/05/14/5bb679d6-8f09-11ea-a9c0-73b93422d691_story.html

第九章　縱火狂消防隊

下地獄很容易。

——引自維吉爾（Virgil）著作《埃涅阿斯紀》（*Aeneid*）

禮拜結束時，可以聽到鬆了一口氣的聲音。第一美南浸信會（First Southern Baptist Church）的會眾開始湧向停車場。當中西部的太陽下山時，人們用手向著自己搧了搧。孩子們穿著寬鬆的短褲和褪色的T恤跑來跑去，父母則三兩成群。安妮看著她的兩個兒子和朋友一起玩耍。這通常是她一週中最喜歡的時刻。所有人都感到放鬆，並自在地聊天。嚴肅的布道已結束，回歸平凡的日常生活。

但在二〇一八年初夏的這個早晨，安妮躊躇不前。剛剛有消息指出，由於川普的「零容忍」移民政策，兩千七百名兒童在墨西哥邊境不得不與父母分離。她忘不了孩子像動物一樣被關在籠子裡的影像。聽到一名宏都拉斯男子在孩子被強行帶走後在拘留室中自殺的報導時，她不禁崩潰。

原名安娜瑪麗・賈西亞・歐特嘉（Anamari Garcia Ortega）的安妮來自墨西哥城，她的丈夫史考特・博斯威爾（Scott Boswell）是堪薩斯人，於二〇〇八年搬到位於該州中心一個擁有五萬人口的小城市薩利納（Salina）。安妮畢業於蒙特雷科技大學（Tecnologico de Monterrey），在墨西哥的地位和麻省理工學院在美國的地位相當。身為這所菁英大學的畢業生、墨西哥中上階級，以及神經外科醫生的配偶，她並不是川普選民在宣布支持修建邊境牆時所想到的那種墨西哥移民。儘管如此，自從這對夫婦十五年前在中西部定居以來，她身為棕色皮膚的拉丁裔，時不時還是要遭遇種族主義。她不認為搬到堪薩斯州中部的一個小鎮會與她和史考特以前住過的堪薩斯城或內布拉斯加州有什麼不同。但令她驚訝的是，人們張開雙臂歡迎他們進入社區。

薩利納位於紅色（共和黨）海洋中的藍色（民主黨）郡。儘管如此，安妮的許多朋友和同胞在政治上都很保守，並在二〇一六年的選舉中把票投給川普。她在競選活動中的所見所聞偶爾會讓她感覺受傷。人們在Facebook上發表讓她驚訝和不安的評論。安妮和史考特是虔誠的基督徒，她知道不要讓自己被憤怒或自以為是的義憤牽著鼻子走。她還知道，在像薩利納這樣的小社區中，與川普支持者或任何人發生衝突可能會產生難以磨滅的後果。所以她閉上嘴，只管自己的事。

但那天早上不一樣。那天稍早她無意中聽到的一件事使她難受。人們討論關於邊境發生的事情時，合理化了孩子與父母的分離。有人說，「違反規定的人就得承擔後果。」

「我深吸了一口氣，」安妮回憶道，「知道這是決定成敗的時刻；我要不失去他們，要不改變他們的心。」她走到這群成年人面前，請他們聽她說。她告訴他們，她之前聽到的事情傷害了她。即使她接受他們的生活方式，融入他們的文化並將其視為自己的文化，但她也仍然是墨西哥女性。身為墨西哥人聽到邊境問題時，她的心為祖國受到的待遇而流血。

「你們已經學會把我當成女兒和姐姐一樣愛我。你們中的一些人從我的孩子三個月大時就幫忙照顧，把他們當成自己的孩子。現在想像一下，在邊境的那些貧困家庭身上發生的事情正發生在我們身上——想像一下我出於某種原因被驅逐出境，或者我與孩子分開，不知道他們去了哪裡。我的孩子有一半墨西哥血統——你不知道這可能發生在他們身上嗎？這可能發生在我身上！」

「邊境發生的事情沒有簡單的答案，」安妮繼續說，「不是神奇的一加一等於二。但我想問你們一件事。你們認識我，投入時間來了解我。你們看到我的出身能夠為這個社區帶來豐富性。所以，我求求你們，不要忘記，歸根究柢，這些人也是人。他們真實存在，是受到這些決定所影響的真正有血有肉的人。真正的母親，真正的父親，真正的孩子。不要把人性排除在問題之外；這不是一個算式。」

大家都愣住了。安妮叫住孩子，拉著史考特的手，和大家道別。在接下來的幾天和幾週裡，鄰居、朋友甚至她幾乎不認識的會眾成員都聯繫了博斯威爾一家，特別是安妮，來表達支持和愛意。但安妮告訴我，那個星期天，從他們的表情來看，她已經知道自己打通他們的心。就連熱情的川普支持者也受到感動。她知道人們聽見了她，這個社區就是她的家。

本章要討論近年來遷移受到的阻力。它來自哪裡，為什麼？為了回答這個問題，我們將更詳細研究那些留下來的人。他們有什麼顧慮，如何解決？純粹的仇外心理的確存在，但大多時候，對外國人和移民的敵意是來自對未知事物的恐懼，而恐懼被用於政治目的。從英國脫歐和川普當選的投票分布地圖來看，反移民言論在移民很少或沒有移民的地方表現得最好。還有一些人害怕自己的工作可能被移民搶走，感到被全球體系拒之門外，也被那些他們感覺從遷移中獲得所有好處的人所困擾，這些我們在書中特別指出的人通常住在城市。最後，我們會問，我們能在離開和留下來的人之間找到共同點嗎？

在二十一世紀，我們面臨的重大問題是需要集體解決的集體問題——其中主要的是氣候崩潰。而且，在短期內，氣候崩潰將迫使更多人成為移民。因此，我們迫切需要學習，如何彌合那些對遷移的優點持懷疑態度的人和能夠看到遷移優點的人之間的差距。與直覺相反，像安妮這樣的移民本身遠非問題所在，反而往往能夠成為解決方案：他們在促成各方之間的持久休戰上扮演著關鍵角色。這種情況不會像奇蹟一樣發生，也不容易。但是像安妮這樣的人應該給了我們希望。

由於安妮以善良和慷慨著稱，所以她在那天可信又打動人心。她對人類同胞的同情不是出於選擇。她從未放棄過移民，但也從未放棄過川普的支持者。安妮的生活充滿這種軼事，總是試圖彌合人與人之間的差距。安妮會開車送一個曾獲得足球獎學金的孩子法蘭柯・里瓦斯（Franco Rivas）去參加比賽。他向我描述安妮如何停下車，放下所有事，在酷寒的堪薩斯冬日，去為他們開車時遇到的無家可歸者買衣服和食物，包括許多政治立場明顯不同的人。今天，無論他們是否戴著無處不在的「讓美國再次偉大」帽子，她都會這樣做。

二〇一八年的那個夏天對安妮來說是變革性的時刻，讓她對自己和堪薩斯州懷抱新的信心，這一信念並沒有因為川普在二〇二〇年的選舉中再次獲得該州的票數而減弱。在接下來的幾個月裡，她參與一項運動（名為「夢想者」〔DREAMers〕，以《未成年外國人發展、救濟和教育法案》（Development, Relief, and Education for Alien Minors Act）命名，該法案本應自動授予他們居留身分但未能在國會通過），協助移民子女承受生活在隨時可能被趕走的國家中的壓力。她讓社區裡的人一起參與。她讓人們能夠更加認識，當地堪薩斯衛斯理大學在歡迎有足球天賦的拉丁裔和非洲裔兒童進入美國內陸地區上，扮演著先驅者的角色（她是遠離家鄉的足球媽媽之一，她們跟隨、傾聽和支持這些年輕人）。她讓當地居民意識到這些孩子對社區來說是財富，並為許多人鞏固遷移的新前景。

面對安妮對於同情的哀求，沒有人無動於衷。如果在移民方面，問題更多的是信使而不是信息怎麼辦？安妮的勇氣和謙遜，她為了成為當地人、融入社區的不懈努力，她對該社區和整個美國中西部的真誠熱愛，她願意誠實分享自己的感受並讓自己變得脆弱，再加上她毫不妥協地捍衛需要支持的移民，所有這些都讓排外主義者的分裂話語變得不那麼吸引人。很容易看出，她擔任社區變革推動者的潛力，遠大於典型政治家在州內巡迴以希望獲得當地支持的潛力。

安妮不會想詆毀川普的支持者。對她來說，「仇恨和種族主義是心理生病，是恐懼和痛苦的症狀，而不是邪惡。你不會希望傷害患有慢性病的人，對吧？」她認為受仇外言論所吸引的人是受苦的人。對她來說，「坐在家裡看脫口秀節目告訴他們，自己是站在歷史和道德好的那一邊的自由主義者，同時嘲笑『穿越各州的觀念狹隘保守的種族主義者』，對改善局勢沒有什麼幫助。如果想要改變世界，請邀請川普的支持者到家裡共進晚餐……我們需要做到這兩點：歡迎難民和川普支持者進入我們的家園。從表面上看，你會意識到，被川普吸引的人不僅對他們幾乎從未見過的真正移民感到厭煩，肯定也被洗腦，但最重要的是，他們也厭倦被海岸線菁英指控為種族主義偏執狂，而那些菁英從未涉足這裡，但他們內心深處覺得菁英的生活方式——即使他們無法解釋這種情況如何發生——正在威脅他們自己的生活方式。」

安妮指出我們這個時代最大的悖論之一：我們社會中對遷移最直言不諱的倡導者之所以處於這種地位，不是因為他們是更好的人，而是因為他們更城市化、更富裕、移動能力更強，而他們傾向於認為遷移和道德品格有關。他們不認為對移民抱持開放心態和同情是特權，沒有值得驕傲的理由。如果這些人表現出道貌岸然或者輕蔑，不願意與那些對遷移持保留態度的人來往，不願意走出原本習慣的路線，真正與他們坐下來談論他們的問題和恐懼，最終可能會大幅助長對想像中移民的敵意。當同一群人告訴那些擔心製造業工作將流向歐盟或世界其他地區的人這是好事，之後甚至暗示他們，對移民的任何不安僅僅是因為他們是種族主義者的時候，問題就變得更加複雜。

當我難以置信地聽著一位墨西哥移民描述她對堪薩斯州的愛時，感受到這種情況的奇妙諷刺。在這裡，我坐在位於斯德哥爾摩修剪整齊的中產階級波西米亞式據點和政治正確的堡壘索德馬爾姆（Sodermalm）的一家咖啡館裡，高談闊論以旅行作為克服偏見的手段有何優點，但我本人對於從未涉足的世界卻表現出異常的偏見和優越感。我根本無法理解這樣一個事實：一位墨西哥移民，正如安妮告訴我的那樣，曾是中西部種族主義的偶爾見證人和受害者，竟然可以大肆宣揚我瞧不起的「川普國」。

責怪那些地區的人民、那些投票給川普並且似乎珍視一切讓我對他的美國感到尷尬的人：根深蒂固的厭女症、反移民言論、否認氣候變遷、缺乏槍支管制和驚人的不平等程度，這麼做非常省事。但事實是，我和那些我瞧不起的人一樣無知。我持有美國護照，認為自己是美國人，但一位充滿愛心、思想開放的墨西哥移民拒絕為留下來的人貼標籤，讓我意識到自己對中西部的看法錯得多麼離譜。川普的當選與種族主義口號、墮胎和槍支權利無關，或者至少不僅是因為如此。這是關於美國已經成為的兩黨金權政治以及那些感到被冷落的人。這是對整個現代社會性質和特徵所做出的反應。

自由主義者表現出的這種蔑視可能特別有害且有毒，因為自由主義世界觀的本質就是否認他們蔑視任何人。蔑視不是進步的態度，因此自由主義者，包括我在內，並未意識到自己正參與其中，或者在參與時會加以否認。大多數川普支持者不認為自己「他者化」墨西哥人、移民、穆斯林或民主黨員，這就是他們投票給川普的原因。他們的世界觀不僅認為自己在根本上與那些「其他人」不同，並且以此為榮。但是像我這樣思想開明的人，已經說服自己，他者化是只有種族主義者和偏執狂才會做的事，我們不會。當然，現實是我們與其他人花費一樣多的時間，將世界劃分為「我們」和「他們」。這種不對稱在很大程度上解釋了我們政治的極端兩極化。像安妮一樣，我認為自由主義者有責任把拒絕他者化作為原則，並竭盡全力彌合分歧。

討論到這裡，我們必須停下來看看現代的雄辯言辭中關於菁英領導體制（meritocracy）的巨大悖論。前美國總統歐巴馬曾將自己描述為「一個名字很有趣的瘦孩子，相信美國也有他的位置」。支持者經常聲稱，他的當選證明美國從根本上來說是菁英領導體制的本質。其中許多人毫不猶豫地相信，在川普的選舉中，看到美國在根本上存在著種族主義DNA的證據。事實顯然更複雜。認為現代社會在本質上是菁英領導體制的含糊說法正被排外的民粹主義者變成強大的武器。過去，站在人類金字塔底部的人被告知，上帝決定他們所在的位置。現在，他們被告知，這是因為他們是失敗者，因為他們愚蠢又懶惰，或者兩者兼而有之。

人們之所以投票支持英國脫歐、川普當選和類似的民粹主義措施或政治人物，並非因為特權本身，而是特權者現在認為他們比過去的菁英更配得上成功。這是菁英領導體制令人難以置信的諷刺現象。正如英國保守派思想家和作家托比．楊（Toby Young）經常說的那樣，正是因為如此，所以他的父親創造「菁英領導體制」這個詞時，並不認為這是好事。然而，在二十一世紀，我們模糊了它的含義，把它變成一種志得意滿的形式。這是錯誤的——聲稱菁英領導體制是公平的制度，讓那些沒有成功的人覺得自己失敗，而讓成功的人覺得他們完全值得並贏得成功。換句話說，問題不只在於制度不公平，還在於聲稱它是公平的。過去的菁英聲稱在一個公開操縱的系統中具有優勢。他們的「長處」是受到上帝「揀選」。這是感恩的理由，而不是吹噓的理由。

根據英國社會學家山姆．傅里曼（Sam Friedman）和丹尼爾．勞里森（Daniel Laurison）的說法，[1]許多中產階級或出身富裕的專業人士，甚至是那些抱持強烈進步政治立場的專業人士都持有這種信念：窮人不一定得到應得的，但是他們自己贏得了高地位、有聲望的工作。某些版本的美國夢——例如在法國，它被稱為「共和國的機會均等」——已經同質於現代社會的特性：不僅在社會金字塔的頂端，而是多數人共享的隱含信念，那就是成功幾乎等同於價值，如果你真的很有錢，你一定很聰明、很勤奮；如果你很窮，一定是因為你搞砸了。

造成如此政治上的負累，來自菁英認為自己比較優越的態度，尤其是那些精通科技、開明或抱持自由主義，並在矽谷或哈佛表現出色的菁英。對於那些選擇其他衡量自我價值的方式的人所表現的不滿和世界觀，他們視其為缺乏雄心壯志而不予理會，也認為關注當地的人只是頭腦簡單、心胸狹窄或過時，以至於那些所謂的博學從一開始就引起他們的敵意，並不具任何說服力。他們讓人想起二〇〇〇年代中期巡迴美國校園的無神論四騎士（克里斯多福・希鈞斯〔Christopher Hitchens〕、理查・道金斯〔Richard Dawkins〕、山姆・哈里斯〔Sam Harris〕和丹尼爾・丹尼特〔Daniel Dennett〕），聲稱自己是反宗教的先驅。

忽略信仰的構成本質（超越理性）以及抱持不同看法的知名人物如哲學家齊克果（Søren Kierkegaard）、物理學家尼爾斯・玻爾（Niels Bohr）和精神分析學家卡爾・榮格（Carl Jung）針對該主題所寫的不朽著作，「無神論兄弟」和他們幼稚、自誇的主張無法說服一開始就不是無神論者的人。相反的，他們疏遠了許多正派的一般人。同樣地，在這個嚴重政治極化的時代，這也引出了問題：政治的最終目的是什麼？為了說服那些我們不同意的人，或者為了覺得自己應該「更聰明」而自我感覺良好？如果是後者，自由主義者肯定做得很好。

◆

二〇一九年六月，一群美國社會名流、媒體大亨和其他行業領袖乘坐頭等艙和私人飛機穿越大西洋，參加由前美國駐瑞典大使夫人在斯德哥爾摩主辦的聰明心智（Brilliant Minds）年度會議。二〇一九年的活動名為「流動商數」（Fluxability Quotient），並由美國前總統歐巴馬擔任明星講者。根據主辦者的說法，「流動商數」衡量人們「在未來的潮流中移動、轉變、改變、進步和流動的能力」，以及「在不斷轉變的藝術中的永續性」。其所讚揚的核心價值觀在理論上都值得稱讚：平等、透明、社會責任和「土地與人類的和諧」。誰不想要土地與人類的和諧？

除了歐巴馬之外，本次活動的主講嘉賓還包括社群軟體 Snapchat 和 Buzzfeed 的執行長、前超模娜歐蜜・坎貝兒（Naomi Campbell）、服裝設計師黛安・馮芙絲汀寶（Diane von Furstenberg）、演員葛妮絲・派特洛（Gwyneth Paltrow）和佛瑞斯・惠特克（Forest Whitaker）、饒舌歌手卡蒂・B（Cardi B）、網飛的內容長、維亞康姆哥倫比亞廣播公司（Viacom CBS）媒體帝國的繼承人，製藥巨頭諾華集團的執行長等等。

身為數年時間都在主辦類似活動的人，在我看來，聰明心智這樣的菁英自由主義集會儘管有些自負，但毫無疑問抱持著善意。聰明心智的主辦單位真的很想把社會風氣往正確的方向推動。不幸的是，這種誠意隱藏著暴力。大多時候，他們不僅沒有朝著正確的方向前進，而且這些事件實際上激怒了當今對這些價值觀最持懷疑態度的人。歐巴馬可以說是當代進步政治中的標竿人物，他看不到在斯德哥爾摩的五星級宮殿中與非常富有的人一起參加封閉式活動的根本問題，這一事實充分說明，有著盲點的特權菁英也表達出歧視心態。

聰明心智的主辦單位邀請瑞典環保少女葛蕾塔·童貝里（Greta Thunberg）發表開幕主題演講。她向那些與會人士指出，乘坐私人飛機環遊世界以慶祝自己的才華，以及對永續發展和「讓世界變得更美好」的崇高態度，都是在否認現實。與他們可能認為的相反，這種行為實際上或許比什麼都不說或什麼都不做更糟糕。

但現在是承認這些善意的暴力的時候。暴力不僅存在於我們的捍衛中；這是我們集體未能在聲稱這樣做的同時有意義地解決不公平現狀所表現出的暴力行為。全球菁英的善意和他們對「做好事」的妄想中存在著可怕的暴力，並體現在他們多麼喜愛「綠色成長」[2]這個具有強烈毒性的矛盾修辭上。而包含《金融時報》在內的媒體嚴重爭論的主題是，經濟成長和碳排放是否有意義地脫鉤[3]，然而一個國家、公司、家庭或個人碳足跡的唯一最準確的預測指標，仍然是他們花了多少錢。

是時候停下來，看看我們有多麼習於分隔錯綜複雜、環環相扣的問題和現象，並開始連結它們之間的點。這反過來將使我們了解，菁英的世界觀和支持移民的立場存在嚴重問題，以及這種立場如何造成移民的困擾。

到目前為止，我們目睹的移民潮不過是對即將發生的事情的一種體驗。氣候移民在未來某個時刻不再是值得擔心的問題——不但已經存在，而且數量龐大。僅在二〇一八年，就有一千七百二十萬人因自然災害而流離失所，約七十六萬四千人因乾旱而失去家園。[4] 氣候變遷將導致更多的自然災害和乾旱。對於世界各地的許多人來說，促使他們遷移的一個推動因素已經是氣候。在接下來的幾年裡，數量將會愈來愈多。政府間氣候變遷小組（IPCC）的氣候專家的最新預測是，到二一〇〇年，我們可能會看到比工業化前平均溫度高出攝氏六到七度[5]，這將使地球的一半區域無法居住。聽起來可能很久遠，但並非如此。已經出生的人中有相當數量會活到那個年代。

問題不在於自由的價值觀、人際關係和心態開放的價值，也不在於「聰明心智」與會成員的世界觀。再一次說明，他們最終認為思想開放和支持移民的立場證明他們的善良本性而不是擁有的特權，更重要的是，這些立場本身以某種方式改變了現狀。在斯德哥爾摩的會議裡，並未討論與會者的富裕和超流動性，以及因此而產生的開放思想，一方面可能基於其他人缺乏富裕和流動性，另一方面是因為這些條件實際上可能正在造成不成比例的環境破壞，因此間接導致因氣候產生的遷移。

相信一切都有解決之道的想法中有某種非常不成熟的成分——只需要齊心協力「想出某個點子」，讓我們能夠「處理」這個時代的主要問題。這些問題，從遷移到氣候崩潰和第六次物種大滅絕都正在發生中，從世界的驚人不平等程度到我們稱之為全球經濟的這種會轉移的一群相互依賴、共同行為的有機體的固有生態毀滅性質，都不是「問題」。他們是困境。問題有解，就像四年級學生解的數學題；困境沒有。應對困境的方法有很多種，從健康到不健康，各種程度都有。但這些方法都不是快速、簡單或最終的解答。在這種情況下，現代人尋找「解決方案」的傾向就不僅是受到誤導。這是一種責任。無論我們多麼出色，都無法「解決」這些問題。我們需要與它們共存。

這些困境也無法個別處理。從根本上來看，氣候崩潰與能源和能源消費的不平等有關。能源使用的不平等轉化為流動性的不平等。地球上流動性最強的人是最富有的人，而最富有的人是最密集使用能源和造成最嚴重汙染的人。所有這些都彼此相關。在這個全球百分之七十的溫室氣體排放量是由百分之二十最富有的人產生的世界上，不解決不平等問題，卻宣稱要應對氣候變遷，根本沒有任何意義。

與此同時，當今世界上大多數否認氣候變遷的人流動性並不高，而且其中大多數人幾乎不曾搭過飛機（當然，直到最近，他們中最具影響力的還是流動性極強的川普政府和美國國會）。在這個時代可以看見的驚人諷刺是，大多數氣候懷疑論者的碳足跡，與具有環保意識的特權自由主義者的平均碳足跡相比，其實微不足道，無論是否為「聰明心智」與會成員。顯著的區別在於，與後者不同的是，氣候懷疑論者不會僅僅憑藉自己的觀點就相信他們是解決方案。如果這些日子最大的問題不是否認氣候變遷，而是否認物理定律呢？

是時候讓這些超級移動者知道，飛行實際上有多麼奢侈和稀有。最嚴肅的猜測（來自專業飛行員）表明，世界上只有百分之五到百分之七的人口曾搭乘飛機。[6]根據國際綠能運輸理事會的數據，百分之十二的美國人每年搭乘飛機往返超過六次，占了全球航空旅行的三分之二。[7]在英國，百分之七十的航班由百分之十五的人口乘坐。[8]

同時，飛行和汙染最少的人也最容易受到氣候崩潰的影響。非洲占全球人口的百分之十七，但該大陸僅產生百分之四至百分之五的溫室氣體排放。目前無法從長遠來看新冠肺炎大流行會對這些統計數據產生什麼影響。但是，隨著航空業面臨生死存亡的時刻，我們有機會從策略上思考，希望從飛行和移民的未來中得到什麼。在新冠肺炎大流行期間，火車旅行和較慢的旅行更可行，也許移動習慣會隨之改變。更哲學地說，隨著航班停飛，新冠病毒提醒我們，對於絕大多數人來說，飛行是多麼難得。

當談到英國脫歐、川普和極右翼民粹主義的崛起時，自由主義者的認知偏見與那些不相信極右翼民粹主義崛起是個問題的人的認知偏見一樣，阻礙我們有意義地解決這些議題的能力。如果進步人士認真促進自由價值觀、人際關係和歡迎外國人，那麼我們是時候效仿安妮或（回到本書開頭）阿布迪的榜樣，接觸那些被川普和法拉吉（Nigel Farage）勾引的人，邀請他們吃晚飯，而不是捏住鼻子，加以詆毀或忽視。

◆

二〇一四年，十八歲的貝瑞妮絲．湯普金斯（Berenice Tompkins）從洛杉磯步行到華盛頓特區，進行了為期八個月名為「氣候行動大遊行」的旅程。二〇一五年，她在華盛頓會見加入她一起旅行的人，後者提到計畫於當年稍晚在歐洲進行另一次跨大陸徒步旅行，帶領人為離開菲律賓政府成為全職氣候活動家的政治家耶布．薩諾（Yeb Saño）。她決定加入耶布和他的人民朝聖之旅，在COP21[9]之前將參與者從羅馬帶到巴黎。她於二〇一八年又走了一次，這次從羅馬步行到波蘭的卡托維茲參加COP24。

貝瑞妮絲在穿越美國和歐洲時結識了一些人，我們組織的全球經濟所產生的相互交織的經濟、社會和環境不平衡，影響最嚴重的就是這些人，而且就發生在他們的地盤上。「孟加拉國有更多的氣候移民，但美國也有很多。步行是想要與他們、與其他步行者以及與地球建立關係，」她告訴我。聽起來可能很崇高，但她認為很實際。「管理國家的所謂現實主義者正把我們直接帶入災難。我沒有時間去追求那種現實主義。」正如貝瑞妮絲所看到的，她對游牧生活的靈活和扎實態度，可以展現「對生態圈的那種基本敬畏，這可能會拯救我們；而且藉由這樣做，能夠成為真正的生態學家。」

她在自己的部落格「氣候足跡」（Climate Footsteps）上談到她的經歷：「我覺得這些故事應該要寫給所有還沒有感受到氣候變遷影響的人，我們在傷害自己和他人的同時，卻沒有真正了解自己在做什麼。當我在公共汽車上向鄰座的人提到我在研究氣候變遷時，有時他們的眼神會變得呆滯，或者看起來有點困惑，他們甚或會說：『哦，你相信這個。』保守派的智庫和政客有效地說服大部分美國民眾，氣候變遷就像聖誕老人，你可以選擇是否『相信』。但否認抽象的科學理論比否認另一個人的經驗、損失和痛苦容易得多。」

像貝瑞妮絲這樣的年輕生態游牧族已經明白，我們對待「外國」的方式與我們對待自然的方式密切相關。但她也了解其他基本的東西。氣候行動主義，其實是真正的游牧主義，與遷移並不對立。氣候行動主義是關於四處走動，是去了解世界更多地方，但以較慢的速度這樣做。「根據我的經驗，在大自然中漫步實際上是終極的自我強化、一種變革的氣候行動主義，」貝瑞妮絲告訴我。「你有沒有遇過經常散步的人——我是指在大自然中，而不是在百老匯大街上——卻對自然和保護自然不感興趣？」她問我，「在大自然中行走和做事，應該是每個美國孩子基礎課程不可或缺的一部分。坦白說，現在情況並非如此，實在讓人無法理解。」

對貝瑞妮絲來說，她參加的遊行讓她不再認為自己與其他人有根本上的不同，就像我們在第二章中遇到的尼基一樣，發現身為利物浦球迷的自己與在旅途中遇到的歐洲大陸人沒有什麼不同：「對我來說，『非洲人』不再是抽象概念。這是我的地球同胞和朋友拉比・伊科拉（Rabbi Ikola），我和他一起徒步穿越整個大陸。但這不僅僅是打破你與同行人之間的人為界限。當我們陷入朝九晚五的日常生活中，它也讓我們會與不曾接觸、不會接觸或無法接觸的人接觸。」

參加這些步行之旅讓貝瑞妮絲結識志同道合的朋友，也結識了她在紐約永遠不會接觸到的人。她的發現改變了她。她記得「一個在路上發現我們的傢伙帶了柴火給我們，還說：『我不相信氣候變遷，但如果你們有足夠的決心走遍全國，我會幫助你們！』我覺得我應該為這些人分享他們的故事。不僅僅是那些和我立場相同的人。」

二〇一八年十二月，貝瑞妮絲走了一千五百公里，抵達卡托維茲，在那裡遇到一位我曾經見過的年輕女孩童貝里。當她在瑞典議會外的雨傘下靜坐抗議時，我正巧與女兒和同事路過該地。他們共同為氣候青年運動奠定了基礎。就政治影響力而言，這些新游牧族似乎無足輕重。史達林曾提出的問題：「梵蒂岡，有多少輛坦克？」浮現在我的腦海。但這樣很難描述這些為了氣候議題抗議的人所發起的跨國和跨地方運動正在興起的勢頭，其中許多人是移民或移民的孩子。在不到一年的時間裡，他們已經從幾個孤立的案例，特別是一個十五歲逃學女孩獨自坐在瑞典議會外，抗議其政府面對持續的災難不作為，發展成可以說是有史以來最強大的軟實力手段。所有這一切都是由一種非常特殊的遷移引擎所驅動。

像貝瑞妮絲這樣的新游牧族擁抱科技，並經常對其表現出謙卑態度，但並不將科技本身視為目的。他們明白，分隔實際上錯綜複雜交織在一起的問題和現象（無論是由於不了解還是完全否認其複雜性）會毀壞建設性地加以回應的機會，同時對自己的處境抱持不合理的樂觀。他們知道，這種毫無根據的樂觀主義已經成為現代社會特質的標誌，甚至有害。這樣的樂觀主義像藥物一樣，讓我們身處險境而不自知，儘管不斷收到房子著火的報告，夜裡還能安眠。

這些對科技和解決方案的保留意見與更農村的世界觀相一致，而城市自由主義者和周遊世界的富人並不認同此世界觀。如果對於本土主義興起和仇恨政治以及現在面臨的環境和社會危機，更保守（但也更環保主義）的土地所抱持的反應，比更自由、科技愛好者所屬的城市堡壘來得更健全，那又會如何呢？

當農業革命把我們從絕對游牧的物種變成絕對定居的物種時，人類的思想發生了深刻的變化。「經濟」（οικονομός，*oikonomós*）的本義是對家庭的管理。現代短語「全球經濟」的矛盾本質——將「家庭管理」稱為燒毀家園的行為——已經被我們遺忘太久。以建設性的方式面對當代的困境不僅是關於科技創新，也將是關於彌合不同的「家」的概念之間的差距。我們會以為大家對於「家」的觀念不同，但其實是互補的。

無論在哪裡，人們都會發現，鄉下的隔離生活比城市容易得多，尤其是那些為了避免群聚的自主隔離。許多人因此重新考慮什麼對他們最重要，並選擇搬出城市，甚至不考慮搬回去。新冠肺炎大流行讓當代的人們看到，我們對超流動性的痴迷破壞了對游牧的理解，使我們因而能夠看清楚游牧的其他含義。新冠病毒讓我們放慢腳步，不得不腳踏實地並專注於當地的環境和所處的社區，為在任何地方和某個地方、游牧者和定居者之間的和解創造了條件。而像安妮和貝瑞妮絲這樣的人們在這方面扮演著重要角色。

註釋

1. Friedman, S. *The Class Ceiling: Why it pays to be privileged.* Policy Press (2019).
2. Hickel, J., and Kallis, G. 'Is Green Growth Possible?' *New Political Economy 25*: 4, 469–486, (2020). DOI: 10.1080/13563467.2019.1598964
3. Kuper, S. 'The Myth of Green Growth'. *Financial Times* (23 October 2019).
4. https://www.un.org/sustainabledevelopment/blog/2019/06/lets-talk-about-climate-migrants-not-climate-refugees/
5. 國際氣候科學界正在開展一項大規模對過去和未來氣候的數值模擬計畫。在最悲觀的情況下（SSP5 8.5——以化石燃料推動經濟快速成長），到了二一〇〇年，全球平均氣溫上升可能達到攝氏六到七度，比之前的估計高出一度。
6. Barfield Marks, S. 'Staying Grounded'. *The Ecologist* (23 May 2019).
7. https://theicct.org/blog/staff/should-you-be-ashamed-flying-probably-not
8. Barfield Marks, S. 'Staying Grounded'. *The Ecologist* (23 May 2019).
9. COP（Conference of Parties）代表締約國會議，會議的名稱旨在讓我們避免自一九九〇年代以來每年發生的持續氣候崩潰，但收效甚微。

結語　展開漫長的回家之路

我進入了野性生命的寧靜，牠們不會把生命花費在假想的悲情中……有一段時間，我在世界的恩典中休息，並且感到自由。

——溫德爾．貝瑞（Wendell Berry），《野性生命的寧靜》

本書從阿布迪的故事開始，並且敘述他的旅行如何打開他的世界以及在路上遇到的那些人的世界。他體現出一種我一直試圖表達的情感。也就是說，遷移的外在和有形過程比不上更重要的內在旅程，對於遷移的人和其所遇到的人來說都是如此。

遷移是一種了不起的工具，可以促進我們迫切需要培養的各種連結。當你到達從未去過的地方時，會發生神奇的事。你所需的一切都在一個你可以攜帶的袋子裡，而你突然遇到一群完全不同的人，但是他們至少在某些基本層面上，也和你一樣。遷移，即在遠離出生地之處度過一段有意義的時間的行為，是我們必須學會向他人開啟眼睛和耳朵的最佳工具。我希望這本書能激發你以開放的心態去冒險，看看在路上會發現什麼。或者，如果你已經是旅行者，那就去擁抱更慢、更有意識的地域流動會發生的美好驚奇。我希望，因為這麼做，你會發現，或者也許會重新發現，成為一個好主人的重要性，為同路人打開大門，敞開心扉。

新冠肺炎疫情暴露出現代游牧族隱藏的不穩定性——在變化無常的世界裡，事情隨時可能發生變化，每個人都需要永久的安全避難所。只有在你真正喜歡恰好所在的地方並與其有所連結的前提下，可以在任何地方完成工作這件事才是好事。也許是因為需要保持社交距離，新冠病毒同時也讓我們知道社交聯繫的重要性。許多人現在已經嘗到數位游牧族的孤立生活，只能透過網路與他人連結，讓人懷疑是否真的吸引人。身處位置與以往一樣重要，但一個地方的主要吸引力在於與你分享的人。簡而言之，這場大流行並沒有改變我的觀點，而是重申了我一直在思考的事情，以及我在撰寫本書期間所經歷的旅程。也就是說，雖然旅行拓展思維並提供機會，但唯有與新社區持續接觸並感受到扎根於此，才能將這種拓展和機會最大化——無論是在你現在所在的地方，還是在你所來自的地方。

能夠最大化的專家就是新的游牧族。為什麼？因為他們成為連結的專家。當你出現在一個人也不認識的地方時，需要快速建立連結。我相信，所有人都與生俱來連結的能力，但在定居的生物中往往更處於休眠狀態，而遷移磨練了這項技能。在受到新冠肺炎影響的日子裡，情商和連結的能力變得更加重要。有趣的是，在這段相對孤立的時期，我更多游牧的朋友找到了維持甚至建立新連結的方法。那些生活在地理上更受限制的人，在崩潰中受苦更多。我所定義的游牧，對流動性和位置給予同等重視，將是我們在本世紀面臨科技、氣象和社會方面的進一步破壞時，發展的一項關鍵技能。

如今，與遷移相關的許多問題源於對「游牧」一詞的誤解。在過去的十年裡，我第一次聽到「游牧」被用為流行語。隨著本世紀發生的科技和社會變革，我們很容易將矛頭指向當代游牧主義的許多問題。但是寫這本書迫使我拉遠視野，把對游牧主義的誤解視為更長的歷史故事。

對我來說，這個拉遠的過程也是遷移的產物。隨著我在世界各地旅行和移動，我的地理視野擴大。但是透過與他人的對話，透過了解與我自己不同的文化，聽到新的故事，以及對當代人類狀況更豐富、更細緻的理解，我對人類軌跡有了更深入的洞察。這讓我看到近視、自負，甚至是聲稱使用過去幾百年作為適當標準來衡量人類進步並決定我們可能想從這裡走向何方的種族主義。地理視角的轉變也導致我的時間視角的轉變。出於這個原因，特別是展望未來時，我認為值得仔細思考「游牧」這個詞的起源，並重新審視人類從游牧文明到定居的那一刻。

還記得地理視角可以融入時間視角的概念嗎？地球上「較高等」生命的起源可追溯到大約七億五千萬年前。由於這麼長的時間實在難以理解（至少對我們來說），為了能夠討論，讓我們把它想像成一年，就像植物遺傳學家韋斯・傑克遜（Wes Jackson）教我的那樣。在這個時間規模上，第一個符合標準的動物，單細胞生物，大約在一月一日凌晨從酒吧離開時出現。快進到三百六十四天後的除夕夜。直到晚上九點，隨著派對開始升溫，我們才成為解剖學上的現代人類智人。直到新年來臨的前五分鐘，我們才開始利用農業開採土壤中的碳，成為定居的生物。隨著十秒倒數開始，也展開了工業時代。

這樣看來，我們從五分鐘或一萬年前成為定居物種以來的發展，可能會開啟一段括號說明。新冠病毒允許我們暫停，並考慮是否應該結束說明。在你問之前，我先聲明，我並非要建議回到樹上或洞穴裡生活。我不是新盧德主義者，也很感激農業革命留給我們的許多禮物。但現在是我們的文明與我們發展的「他者化」階段決裂的時候，就像孩子們所做的那樣，並開始將我們自己、彼此和自然界的其他部分視為同一新陳代謝的不同部分。

人類在地球上的大部分時間，都在不到一百名游牧民族的小團體中度過，雖然不斷移動，但是最重要的是當地的專家。我們並沒有因為覺得大腦萬能就陷入幻覺，認為自己與周圍環境截然不同，而是協力工作。這不是傾向問題，而是生存問題。如果無法適應周圍的環境，就會成為掠食者或惡劣天氣的獵物。這又是人類冒著風險做的事情：成為所有生物中最糟糕的掠食者——我們自己——的獵物，以及資本主義內在掠奪性和生態滅絕性的後果：消費主義、貪婪、不平等和氣候崩潰等錯綜複雜的罪惡。

展望新冠疫情後的未來，游牧生活的開展，既關注地方和連結，又關注移動，讓我對遷移和整個人類的未來都充滿希望。游牧生活是自然產生的，比我們最近採用的定居生活更自然。我們像祖先一樣，需要利用它的力量，成為好奇的流浪者，與社區相連，與周圍環境和諧相處。

新游牧族創造的世界充滿對當地的喜愛和尊重、對整個生態圈的驚嘆，充滿好奇、謙遜、節儉、群體和相互連結以及以自然為核心，本書中描述了他們的旅程以及我們可以學習之處。未來，為了在日益複雜的環境中建立社區，我們將需要連結和建立網絡的能力，而就是這樣的能力讓拉明能夠找到自己的路，並最終在西班牙蓬勃發展。我們將需要讓阿布迪在蒙大拿州茁壯成長的開放心態和職業道德，也將需要夏洛特搬到哥倫比亞時的勇氣，而同樣的開拓精神讓夏野在非洲茁壯成長。同樣的熱情讓尼基擺脫流氓行為，同樣的好奇心讓璐璐在中國大陸以外的地方生活。貝倫妮絲在散步時獲得同樣的連結和安靜的智慧，而安妮的那

後記

今天可能形成政治的人數上限是可以圍坐在一張桌子一起吃飯的人數。

——伊凡・伊利奇（Ivan Illich）

在花了三年多時間研究和撰寫本書之後，我突然想到，所有這些關於新的游牧生活可能是什麼樣子的討論，都需要轉化為行動。在從成癮中恢復的過程中，我經常被告知，「你不能只想著要採取健康的行動；你必須以健康的思維行動。」因此，對新游牧族來說也是如此。於是黑象就此誕生。

阿布迪和我第一次見面不是在蒙大拿州的牧場，而是二〇一七年一月在達沃斯舉行的世界經濟論壇上。我當時正領導著一家網路安全公司的全球擴張行動（因為在 Twitter 上有點太過坦率表達我對新就職總統的看法，而即將被解僱），並聽說有一位來自馬利、擁有非洲農村背景的學生到世界頂級大學就讀。他聽起來像是全球青年工作簽證運動的完美代言人，我說服持懷疑態度的執行長，發起這項運動。我們稱之為新游牧簽證（New Nomad Visa）。

這些年來，我帶很多人去達沃斯，從政治異議分子和諾貝爾獎得主到饒舌歌手，從知名作家和記者到執行長。這樣的環境相當令人生畏。我以為阿布迪會像一條離開水的魚。事實卻不然，這位苗條、健壯、戴著眼鏡的馬利青年因為時刻保持頭腦清楚、接受一切並樂在其中，讓我十分印象深刻。當受到提示要講述他的故事，並解釋他為何出席（那是世界經濟論壇每個與會者的主要活動）時，他在發言之前從容思考。在一切都非常匆忙的環境中，他不怕行動緩慢。有一句話說，「不要只是站在那裡，做點什麼」。有時，阿布迪似乎知道站在那裡的價值。看到他行動是我理解自己為什麼要取這個書名的開始。

達沃斯的與會者喜歡阿布迪。他們喜歡阿布迪從小在馬利的農舍到史丹佛再到達沃斯的故事。他在達沃斯的出現證明他們的思想開放。達沃斯有真正的多元化。

但是，儘管阿布迪樂於接受這次經歷，並始終保持敬業和友好，但他還有其他的想法。幾個月後，當我們在舊金山聽取這次旅行的報告時，他告訴我他在席本牧場的經歷。我立刻明白他的意思。達沃斯缺少的不是像他這樣的神童，無論他們的宗教信仰和膚色如何，而是像亞倫和傑夫這樣的人。達沃斯的明信片多元化是一幅漫畫，在其中看不見當地人。

阿布迪認為，他在達沃斯受歡迎的原因是，儘管他是黑人穆斯林，但他代表了全球菁英熟悉且習於慶祝的特質：英雄之旅、菁英神話、美國夢。對於他遇到的人來說，很顯然他的生命中最激動人心的就是，他從非洲農村開始，最終與他們交談。他本能地感覺到，他與川普支持者亞倫和傑夫的連結能力同樣重要。他童年時步行到家庭農場的經歷在此發揮了重要作用，實際上比他在史丹佛大學受教更為重要。

當我總結此書時，討論的範圍包含世界各地，並聽取那些公開反對遷移的人以及那些本身就是移民的人的觀點，我比以往任何時候都更加確信，我們可以從那些最不像我們的人身上學到最多東西。我們必須與他人接觸，直到能夠欣賞我們共同的人性。無論在任何地方，和新游牧者的接觸過程中，他們都扮演著至關重要的角色。

從達沃斯到聯合國，在迄今為止用來組織全球對話的全球論壇上，我們的本能是尋求並關注最低的共同標準，即不會引起人們反對意見的主題和立場。想要試圖避免可能存在廣泛分歧的各方之間的衝突時，這麼做可以理解，但也必須付出代價：最終可能不過是聚在一起模仿多元化；缺乏談論目前真正問題的意願；因此，達成的共識可能微弱且毫無意義，最終與人類社會脫節。這正是發生在達沃斯和聯合國的情況。

二〇二〇年三月，當我們在新冠肺炎大流行最初幾個月居家隔離時，我和阿布迪在

Zoom 上聚會。我們也邀請許多新的游牧者，並開始談論自大流行開始以來大家都聽過太多次以至於快要無感的那句話：「它改變了一切。」

我們都閱讀了這個時代偉大思想家的文章和散文，並在接下來的幾個月裡意識到這些文學作品無法抵擋時代的變化。但我們也覺得，在我們內心深處，仍然有不朽的作品。這場危機，即大流行，也是解決我們面臨的無數其他危機的機會。在人類軌跡中這樣的獨特時刻，因為我們至少有一段時間身處於同樣的狀態，我們需要嘗試一些新的東西。

我們思考著，如果將世界觀確實不同的人聚集在一起，不去尋求最低的共同標準，而是追求最高的共同標準呢？如果要讓當前、無法持續、實際上顯然無法成功的課題要求產生相應的改變，最實際的方法是尋找房間裡的大象（意指人們不願多談卻顯而易見的棘手問題）呢？

因此，我們與本書中描述了其冒險經歷的新游牧族，比如現在就讀牛津大學的夏野和仍在巴塞隆納駕駛計程車的拉明，一起創立黑象（Black Elephant）。

黑象是一種罕見、神奇的厚皮動物，在無平台媒體、藝術潮流、智庫和影響力生態系統之間的封閉空間中誕生。這個名字源自於納西姆．塔雷伯（Nassim Taleb）的黑天鵝，指的是具有重大後果的意料之外事件，有些人用來描述新冠肺炎。但幾十年來，無數專家一直在警告我們，這種流行病勢必會發生。因此，新冠肺炎不是黑天鵝，而是當房間裡的大象毀了聚會並在餐桌上大便時會發生的事。當我們選擇忽視文明當前進程的不可持續性時，就會發生這種情況。

實質上，黑象的目的是促進對話，我們的基本構建單位是我們所說的黑象遊行隊伍（用來稱呼一群大象的術語），平均將十到十五人聚集在一起。這些遊行隊伍在Zoom上開始，並繼續進行，但也在人們的廚房和客廳以及世界各地的餐館中持續進行。

從根本上來說，黑象遊行是要打破陳舊的等級制度和與僵化的思維。沒有大人物在高談闊論，其他人則安靜地聽，就像一個人們在各種地方都可以相遇的集市，是知識分子、農民、藝術家、學校教師、難民、川普支持者、企業、技術人員、愛國者、生態學家和崩潰理論家可以相遇和傾聽的地方。一個以各種形式的折衷主義、真誠、坦率和尊重他人為準則的地方。

除了尋求容易實現的共識之外，與不同觀點的人聚會的另一個潛規則是組織者必須客觀。我們認為，主張客觀不可信，也不可取。丹尼斯·米道斯（Dennis Meadows）及其團隊出版了《成長的極限》，這本書使用電腦模型來論證我們遇到了成長的問題。五十年後，二〇二〇年世界經濟論壇年會的主要結論是……我們有成長的問題。

著手構建我們的厚皮動物時，認為是時候承認全球主義的世界觀幾乎毫不客觀。相反的，新游牧族需要做的是將激進的前瞻性思維與開放的思想、謙遜和放慢動作的意願結合起來，無論是智力上還是身體上；敏銳地意識到我們對大多數事情的根本無知（以及我們所知道的可能總是嚴重不如我們不知道的事實），而我們今天認為是真實的東西明天非常可能變得不真實；讚揚誠實和開放的思想；以及願意傾聽和加入與我們意見不同的人，尤其是那些觀點讓我們特別不舒服的人。

因此，黑象的編輯台建立在聲稱的雄心壯志之上：去質疑現代社會讓我們認為理所當然的陳述。最重要的是，這樣的雄心呼喚我們去質疑總是傾向把當代無數危機（從川普和英國脫歐，一直到金融危機、颶風，當然還有新冠肺炎）描述為源自外部的例外威脅，而非根本的功能系統。取而代之的思考角度是，正如巴西學者凡妮莎．安德烈奧蒂（Vanessa Andreotti）在第一次遊行中鼓勵我們的那樣，可能更準確地將這些危機描述為建立和維持現代文明所需的暴力、不可持續措施的產物。

黑象作為參與定居者生活的游牧族的獨創觀念，也專注於解碼複雜性，闡明人、地方和現象之間的關係，我們認為這些關係很方便或令人放心，但它們可以只能理解為同屬於一個新陳代謝的系統。在新冠肺炎開啟的新時代，全世界都明白，在武漢發生的事，會永遠成為所有人的問題。但在可以開採智慧型手機和平板電腦中所需的稀土金屬的剛果東部礦山、勒斯博島的難民營和亞馬遜森林中，情況也相同。

在開始幾次的黑象遊行中，阿布迪於二〇一六年到美國造訪的蒙大拿州牧場所有人暨管理者希巴德，解釋了他一直忙於處理一種肆虐於牛群之間的寄生蟲，以至於無暇思考新冠肺炎——直到他意識到人類和他的畜群在某些方面同樣容易受到自然一時興起的影響。

當時在線上待命的是一位冰島女性西古林娜（Sigurlína），她曾是經銷《星球大戰：戰場前線》和《國際足盟大賽》這兩個全球最成功電玩遊戲的高級製作人，她從洛杉磯以南的橘郡加入我們（現在已搬回冰島）。這兩個人與我認識的最貼心、最平靜的人進行了熱烈的交談。住在朴次茅斯的托拉（Tola）具有加勒比人和奈及利亞人的血統，曾是因罪入獄的黑幫分子，如今已改過自新。現在的他提供吸毒者在他的餐飲企業工作的機會，幫助他們從吸毒和酗酒中恢復過來，並找到方向。參加會議的還有來自荷蘭的年輕煽動民族主義分子、前巴西外交部長、無國界醫生組織的法國創始人，以及位於金夏沙的非政府組織「我的鄰居」（Ma Voisine）創始人艾曼紐拉（Emmanuella）。艾曼紐拉是剛果的年輕女性，四歲時第一次遭到強暴，並且在青春期反覆遭受同樣的暴行。她發現唯一能讓她從所遭受的性暴力和身體暴力的創傷中痊癒的方法，就是幫助其他經歷過類似經歷的女孩。所有人的背景和軌跡都非常不同，對未來有不同的政治觀點和想法。但所有人都致力於傾聽對方的意見，並進行建設性的互動。

⁘

與許多其他機構一樣，世界經濟論壇也因新冠肺炎大流行而陷入癱瘓。二〇二〇年八月時決定取消隔年一月即將召開的年會。在撰寫本文時，它已被二〇二一年五月在新加坡舉行的一次特殊會議所取代。身為正在恢復的達沃斯癮君子，我認為該是它畫上句點的時候。

五十年來，世界經濟論壇已經從世界上最賺錢的公司那裡獲得數億美元的報酬，卻不曾就我們對成長的依賴進行嚴肅而痛苦的對話。就像針對酗酒的叔叔一樣，需要進行介入。相信賽局中擁有最好情報的人可以讓其重新振作，不過是幻想。

在此之前，已經有多人預測達沃斯的結局，但有理由相信這一歷史時刻對世界經濟論壇來說可能是致命一擊。多年來，身為數十位政治領導人和跨國公司執行長的顧問，我知道他們其中一個藏得最好的祕密：他們百分之九十的頻寬都用在讓自己聽起來很聰明——或者至少，不會看起來很愚蠢。自這場大流行開始以來，他們都一直在絞盡腦汁思考一件事：如何講述在接下來的幾個月和幾年中這個世界和他們的故事，以及他們的公司、品牌、產品或他們的派對的故事，以便證明自己「明白」新冠肺炎開啟了一個新時代的事實。

他們正試圖弄清楚將如何向世界證明，他們的公司或政府已經明白，無論「回復正常」意味著什麼，都不會是選項，明天的世界不會也不能和昨天的世界一樣。我不能肯定他們要如何證明自己明白這個情況。但可以肯定的是，有一種非常簡單的方法可以看出他們不明白。那就是想要回到達沃斯。

二十世紀，凡爾賽和雅爾達等地緣政治峰會奠定世界秩序的基礎。布列敦森林和達沃斯也是地緣經濟。新冠肺炎開啟的新時代將需要一種新的去中心化聚會，或許最好將其描述為地理社群和游牧。它可能不僅包括政治家、執行長和非政府組織，還包括隨機選擇的在地和跨地域、專業、原住民等社區的代表，而非獨占及排他。

這樣的聚會不在山頂尋求毫無意義的共識，而可能會在平原相遇，並尋找最大的交集：房間裡的大象，或者更確切地說是大象的遊行，從我們對成長和碳的成癮及其習慣性地助長的結構性不平等開始。我們不會把代表塞進會議中心，而將由不拘一格的小團體組成，在鄉村散步，以便為大腦充氧，消除等級制度，並在步行者之間創造新的親密和謙遜的感受。一起遊蕩了一、兩英里後，一位執行長、一位政治領袖、一位教師和一位活動家，不過成為四名朝聖者。

是時候為人類建立新的願景，並透過新的聚會加以體現。阿布迪、我的其他厚皮動物朋友和我相信，黑象和新的游牧族可以扮演重要角色，協助形成這種新型聚會。

誌謝

曾經嘗試。曾經失敗。沒關係。再試一次。

——山繆．貝克特（Samuel Beckett）

癮君子是不成熟、不耐煩的動物，我也不例外。寫這本書是我迄今為止經歷過最艱難和最有意義的過程。它教會我認識自己和這個地球。我曾經認為生活就是衝刺。我曾經認為寫作和衝刺有關。我原以為這本書會在幾個月內完成，當幾個月變成幾年時，我經歷了絕望的時刻，讓我想起我在行為成癮中最糟糕的時刻。法國作家喬治．貝爾納諾斯（Georges Bernanos）認為，希望的最高形式是克服絕望，事實上，四年後的我在這裡，充滿感激和希望，並開始將這個美好特質傳承給我的孩子。

如果沒有信仰，這一切都不可能實現。我在成年後的大部分時間裡，都是頑固的不可知論者。毫無疑問，如果不是因為我信仰稱之為阿拉的神，我早就死了，儘管我認同斯賓諾莎（Spinoza）的哲學。我與神的關係是我生命中最重要的事。

如果沒有奧蘿兒・貝爾佛拉奇（Aurore Belfrage），這本書就無法出版。你忍受了我所有的精神錯亂、不成熟、自大，以及，好吧，我的胡說八道。你一次又一次接住我。當我獨自一人像漢斯・卡斯托普（Hans Castorp）一樣迷失在雪地裡時，你鼓勵了我。我並非生來就知道如何當個好丈夫。日復一日，你為我指明方向，勤奮擔任母親角色，給予我們的女兒應有的關愛。最重要的是，你說話算數。

我想對薩米亞・貝納穆（Samia Benammou）表達我永遠的感激和愛，她照顧我和我的兄弟姐妹，還四處奔波，照看我們的孩子，用她無條件的愛和支持來養育我們所有人。謝謝你，薩米亞，感謝你灌輸給我的自信，讓我看到地中海文化和亞伯拉罕諸教傳統之美。

如果不是因為我非凡的父母和兄弟姐妹麥克斯、夏洛特和喬喬，我無法走到今天的位置，你們忍受疲憊、絕望、常常難以忍受的青春期，以及直到我成年之後大部分時間都持續的尋求關注攻勢，而且，我不工作時仍然可以向你們尋求支援。我對你們的愛言語無法形容。

酗酒者和吸毒者的孩子別無選擇，只能早點成熟。奧斯卡，幸好我沒有剝奪你整個年輕時期，一切讚頌，全歸真主。要知道，我為你正長成為男人感到無比驕傲。無論何時何處，都要記得注意你身處的位置，並照顧好兄弟姐妹。

在此也要向我的大家庭表達特別的敬意：我的侄女卡莉歐佩（Calliope）、米娜（Mina）、瑪德拉（Magdalene）和瑪蒂達（Mathilda）；我的教女碧雅翠克絲（Beatrix）和她的姐妹瑪歌特（Margot）和維奧蕾特（Violet）；奧斯卡的妹妹維克多（Victoire）；克莉絲（Chris）阿姨，她牽著我的手，用她的被子和一生的愛溫暖了我；她的丈夫艾德（Ed）和絕對可稱為人類瑰寶的表弟安東（Anton）；使人感動的柯克（Kirk）叔叔和佩姬（Peggy）嬸嬸，在舊金山一直在我身邊；住在漢堡的妮可（Nicole）阿姨和家人；住在法蘭克福的科妮莉亞（Cornelia）、威利（Willi）、米里亞姆（Miriam）和克里斯蒂安（Christian），以及魯迪格（Rudiger）和薩賓（Sabine）；住在都柏林的蒂蒂（Didi）、東尼（Tony）、修（Hugh）和布萊恩（Brian）；我的兄弟帕歐羅（Paolo）；薇吉妮（Virginie）、梅迪（Mehdi）和多米（Domi）；娜迪亞（Nadeah）、史蒂夫（Steve）和克里斯蒂娜（Kristina）；奶奶、佛羅倫絲（Florence）、帕普里（Popouli）、奧帕（Opa）；法蘭茲（Franzi）、夏洛特（Charlotte）阿姨、皮特里（Petere）舅舅、蜜蜜（Mimi），當然還有所有的貝爾佛拉奇家人。家人，我愛你們。

如果沒有我最好的朋友亨利・梅恩瓦林（Henry Mainwaring）和他更好的另一半珍妮佛

（Jennifer），我不可能走到今天。珍妮佛在我生命中的決定性時刻、當我無法愛自己時愛我。我處於生命幽谷時，你用最珍視的特質信任我，讓我繼續前進。多年來，你教會我服務他人、認真、謙遜和禮節的價值。

寫一本書實際上必須不斷重寫和編輯，一路走來十分艱辛。在將這本書變為現實的過程中，我非常感謝所獲得的出色見解、編輯建議和持續的支持。我永遠感謝我在柯蒂斯・布朗（Curtis Brown）的經紀人戈登・懷茲（Gordon Wise）和位於倫敦的賽門與舒斯特（Simon & Schuster）出版社的伊恩・馬歇（Ian Marshall）。我要特別感謝薩莎・波拉科・蘇倫斯基（Sasha Polakow-Suransky）幫忙確認我想表達的意見，感謝傑克・蘭姆（Jack Ramm）幫助我完成書稿，感謝亞當・斯特朗基（Adam Strange）的熱情和敏銳的編輯。瑪麗亞・帕茲・阿基亞多（Maria Paz Acchiardo）也發揮了重要作用，這要歸功於她因為經驗豐富的游牧者和治療師身分所累積的智慧。

感謝艾莉諾・菲爾丁（Eleanor Fielding）對研究的幫助，感謝克莉絲蒂（Christy）和羅伯特・泰納（Robert Tanner）夫妻、羅比・哈伯（Robbie Harb）、喬治・馬塞拉姆（George Masselam）、詹姆斯・巴洛（James Barlow）、貝琪・迪瓦恩（Betsy Devine）、路易絲・施溫格爾（Louise Schwingel）、麥克斯・阿萊茨豪澤（Max Alletzhauser）、艾倫・萊丁（Alan

Riding）、保羅·伯曼（Paul Berman）、佛朗索瓦·艾斯佩雷（François Esperet）、傑若米·湯馬斯（Jeremy Thomas）、蘇菲·德·德樂茲（Sophie des Deserts）、奧里倫·貝蘭傑（Aurelien Bellanger）及早閱讀本書的章節，並提供建設性的批評。還要非常感謝大衛·溫納（David Winner）和瑪麗安·布魯克（Marianne Brooker）讓我理解不能再繼續試圖讓別人做我的工作。

我還要衷心感謝我在研究本書的過程中遇到和採訪的新游牧族，其中許多人的故事都寫進書中，感謝他們寶貴的時間和寶貴的見解：哈比卜·卡茲達格利（Habib Kazdaghli）；阿哈吉·西拉傑·巴赫（Alhaji Siraj Bah）；法札德·班（Farzad Ban）；阿利亞·溫斯特（Alia Wingstedt）；麥克斯·卡爾森（Max Karlsson）；尼爾·薩維爾（Niall Saville）；艾曼紐拉·贊迪（Emmanuella Zandi）；安吉特·德賽（Ankit Desai）；塔妮亞·比爾德（Tania Beard）；寶拉·奧黛麗（Paola Audrey）；西庫·基梅里亞（Ciku Kimeria）；揚·克里斯蒂安森（Jan H. Christiansen）；米格爾·瓊森（Miguel Jonbsson）；凱瑟琳·梅耶（Catherine Mayer）；阿洛克·阿爾斯特龍（Alok Alström）；阿諾·卡斯塔涅（Arnald Castaignet）；格瓦馬卡·基福奎（Gwamaka Kifukwe）；卡羅利·辛德里克斯（Karoli Hindriks）；艾達·哈迪亞利奇（Aida Hadžialic）；易卜拉希瑪·通卡拉

（Ibrahima Tounkara）；班・索克（Ben Sock）；耶布・薩諾（Yeb Saño）；格蕾塔・桑伯格（Greta Thunberg）；維克・巴雷特（Vic Barrett）；薩尼・塔希爾（Sani Tahir）；維巴爾・克里根－里德（Vybarr Cregan-Reid）；克爾斯季・卡柳萊德（Kersti Kaljulaid）和若澤・拉莫斯・奧爾塔（Jose Ramos-Horta）總統；伊藤穰一；居詠・德・蒙茹（Guyonne de Montjou）；麥克斯・阿吉爾（Max Ajl）；盧・吉廖蒂（Lu Gigliotti）；拉馬贊・納納耶夫（Ramazan Manayev）；朱利安・羅切迪（Julien Rochedy）；西古林娜・英格多蒂爾（Sigurlina Ingvarsdotir）、彼得・史密斯（Peter Smith）、尼克・卡利（Nic Cary）和辛・赫德（Xen Herd）；凱文・安德森（Kevin Anderson）和克里・法瑟（Keri Facer）；納西塔・福法納（Nasita Fofana）；艾塞姆・梅特（Ayşem Mert）；加雷斯・戴爾（Gareth Dale）；安居里・潘迪特（Anjuli Pandit）；西利亞・沃爾瑪（Silja Voolma）；菲利普・杜斯特－布拉齊（Philippe Douste-Blazy）；勞倫・普羅克特（Laren Proctor）；菲比・蒂克爾（Phoebe Tickell）；倫納特・奧爾森（Lennart Olsson）；土地研究所（Land Institute）的史丹・考克斯（Stan Cox）、布萊恩・湯普森（Bryan Thompson）、菲奧娜・納布卡魯（Pheonah Nabukalu），以及佛瑞德・尤茲（Fred Iutzi）；索尼亞・范德普耶（Sohnia van der Puye）；伊爾斯・范德維爾登（Ilse van der Velden）；班・安德森（Ben Anderson）；

史賓塞・威爾斯（Spencer Wells）；格倫・奇澤姆（Glenn Chisholm）；貝塔・格雷塔斯多蒂爾（Beta Grétarsdóttir）；伊娃・佛拉丁格布魯克（Eva Vlaardingerbroek）；艾富亞・奧約福（Efua Oyofo）；穆亞布瓦・莫札（Muyabwa Moza）；哈珀・里德（Harper Reed）；安娜－霍普・卡邦戈（Anna-Hope Kabongo）；卡里姆・西（Karim Sy）和凱塔・史蒂芬森（Keita Stephenson）；尼基・賈斯瓦爾（Niki Jaiswal）；蘇菲亞・拉沙德（Sophia Rashad）；麥特・楊奇辛（Mat Yanchyshyn）；麥特奧・德沃斯（Matteo De Vos）；派翠克・查德威克（Patrick Chadwick）；莫妮卡・卡拉佩蒂安（Monika Karapetian）；努爾・沙拉拉（Nour Sharara）；戈登・賽勒斯（Gordon Cyrus）；保羅・達席爾瓦（Paul da Silva）；阿薩德・侯賽因（Asad Hussein）；阿薩・特勞雷（Assa Traoré）；努拉・貝魯巴（Noura Berrouba）；拉比・史蒂芬・伯科維茲（Rabbi Stephen Berkowitz）；最後但同樣重要的是佛朗哥・里瓦斯（Franco Rivas）。

　　這本書也是愛與感情的結晶：我在維也納的家人亞柯・米特拉克（Aco Mitteräcker）和安奈特（Annette）；克里斯多福・德・馬熱里（Christophe de Margerie）和亞德里安・波赫納（Adrien Pochna），安息吧，我的兄弟們；傑瑞米・史菲茲（Jérémie Sfez）和山繆爾・陶德（Samuel Todd），和我極相似的人；厄文・天頗（Erwan Tempé）；哈吉・

凱利爾（Hadj Khelil）；朱利安和卡羅琳・加利尼夫婦（Julien and Caroline Galinié）；安妮和珍妮・法尼亞尼（Anne and Jeanne Fagnani）；托馬・達米施（Toma Damisch）；貝蘭・貝赫德朱（Behrang Behdjou）；大衛・薩法爾（David Saffar）；邁赫迪・馬哈茂迪（Mehdi Mahmoudi）；皮耶－伊夫・蒂芬（Pierre-Yves Thieffine）；阿諾德・羅斯（Arnaud Roth）和朱麗葉・邦特（Juliette Bonté）；阿諾・卡尼爾（Arnaud Garnier）和卡羅琳・諾曼德（Caroline Normand）；賈科莫・克萊里奇（Giacomo Clerici）；瑪婷和米基・里賓維克夫婦（Martine and Micke Ribbenvik）；沃爾特・休恩（Walter Huyhn）、馬克・佩恩（Mark Payne）、托拉・吉桑林（Tola Gisanrin）和贊助我的多姆（Dom）和布倫丹（Brendan）；薩賈（Saga）的教母貝琪・迪瓦恩和艾瑪・溫伯格（Emma Winberg）；賈梅爾・布馬札（Djamel Boumaza）；賈邁爾・本拉巴（Jamel Benrabaa）；塞布・貝爾溫克爾（Seb Bellwinkell）；翠克絲和羅伯特・赫伯萊因夫婦（Trix and Robert Heberlein）；特蕾絲・拉爾森（Therese Larsson）；娜塔莉・傑雷米肯科（Natalie Jeremikenko）；哈洛德・普林格（Harald Phüringer）、安德烈亞斯・帕普（Andreas Papp）、湯馬斯・索特納（Thomas Sautner）和海因茲・賴特（Heinz Reiter）；凱文・斯萊文（Kevin Slavin）和麗莎・莫斯科尼（Lisa Mosconi）；安妮卡・赫達斯・福爾克（Annika Kedås Falk）；安

妮－勞爾・基切爾（Anne-Laure Kiechel）；安蒂・涅米（Antti Niemi）和伊琳娜・施萊納（Irina Shryna）；理查・賓（Richard Bean）；洛雷娜・查莫羅（Lorena Chamorro）；巴拉通德・瑟斯頓（Baratunde Thurston）；安德魯・阿多尼斯（Andrew Adonis）；希拉蕊・梅森（Hilary Mason）；謝麗爾・康蒂（Sheryl Contee）；佩吉・盧因杜拉（Péguy Luyindula）；艾莉亞・易卜拉欣（Alia Ibrahim）；阿曼達・帕克斯（Amanda Parkes）；朱利奧・烏賈諾（Giulio Uggiano）；派布斯（Paps）、布拉斯科（Brasco）、XLO和莫克里斯（Mokless）；哈拉爾德・布魯格特（Herald Vlugt）；祖哈爾・埃・切圖阿尼（Zouhair Ech Chetouani）；埃爾哈吉・蓋耶（Elhadgi Gueye）和庫迪亞・迪翁娜（Khoudia Dionna）；塞爾索・阿莫林（Celso Amorim）；艾里克・佩普（Eric Pape）；達米安・洛拉斯（Damien Loras）；大衛・布魯納特（David Brunat）；馬穆卡・庫達瓦（Mamuka Kudava）；尼可・穆格諾（Nico Mougenot）；薩菲亞和多米尼克・卡米萊里夫婦（Safia and Dominique Camilleri）；艾姆娜和巴塞姆・布格拉夫婦（Emna and Bassem Bouguerra）；阿拉貝拉・多爾曼（Arabella Dorman）和多米尼克・艾略特（Dominic Eliot）；達攸・奧洛帕德（Dayo Olopade）和沃特・蘭伯森（Walter Lamberson）；珊卓拉・阿里戈尼（Sandra Arigoni）；和烏斯曼・哈克（Usman Haque）。

在此特別提及安妮・貝雷斯特（Anne Berest）、黑田明樹（Aki Kuroda）、奧利維爾・格茲（Olivier Guez）、奧克斯莫・普奇諾（Oxmo Puccino）、馬克・蘭布倫（Marc Lambron）、佛朗索瓦・山繆爾森（François Samuelson）、伊曼紐爾・卡雷爾（Emmanuel Carrére）、西蒙・庫珀（Simon Kuper）、丹尼斯・瑪麗（Denise Marie）和艾瑞克・諾洛（Eric Naulleau），我在巴黎時，只有他們願意帶我出去吃午餐或晚餐。

我們稱之為黑象的安靜而緩慢移動的厚皮動物，從第一天開始就得到了我的共同發起者的支持，他們包括吉恩・曼努艾爾・羅桑（Jean-Manuel Rozan）、比爾・維泰克（Bill Vitek）、路易斯・亨利（Loïs Henry），以及安東・米夫蘇德－博尼奇（Anton Mifsud-Bonnici）、穆里爾・杜貝（Muriel Dube）、迪亞娜・杜夫尼亞克（Dijana Duvnjak）、法圖瑪塔・西（Fatoumata Sy），尤金尼奧・莫里尼（Eugenio Molini）、羅伯特・哈金森（Robert Hutchinson）、娜塔莉・派瑞特（Natalie Paret）、亞力珊卓・帕爾特（Alexandra Palt）、麗貝卡・埃農瓊、澤維爾・尼爾（Xavier Niel）、伊恩・羅傑斯（Ian Rogers）、馬里昂・達里歐特（Marion Darrieutort）。

我的文化養成並非來自國族，反而比較像是各種地方的大雜燴。恰如其分地，本書是在其中幾個地方寫成的。我永遠感謝荷蓮娜和法蘭克・貝爾佛拉奇夫婦（Helena and Frank

Belfrage），感謝他們始終如一的善良、熱情好客和優雅，並感謝他們在達拉羅和博尼約向我開放了他們的家。感謝雅典娜．西迪羅普盧（Athena Sidiropoulou）、格里科斯（Grikos）幫以及我所有的帕特緬（Patmian）同胞。特別感謝於斯塔里茲的塞巴斯蒂安．彭內斯（Sebastien Pennes）向我開放他的家，感謝我的媽媽在盧爾馬蘭也這樣做，感謝蒙特勒伊的妹妹夏洛特和巴黎的格雷瓜爾．切爾托克（Gregoire Chertok）在我破產時協助我。你們的恩情我不能忘記。

我非常感謝尚－弗朗索瓦．里沙德（Jean-François Rischard）多年來對我的信任以及尚－弗朗索瓦．雷維爾（Jean-François Revel），他的無所顧忌和莽撞幫助我攀登了這座神奇的山峰。我更要感謝安靜的激進派韋斯．傑克遜（Wes Jackson）和溫德爾．貝瑞（Wendell Berry），他們的溫暖、智慧和詩意將我溫柔地引導我回到平原。我還要感謝薩提什．庫馬爾（Satish Kumar）、阿德南．易卜拉欣（Adnan Ibrahim）、比爾．維泰克（Bill Vitek）、加勒布．本切赫（Ghaleb Bencheikh）、科琳．佩魯雄（Corine Pelluchon）、凡妮莎．安德烈奧蒂（Vanessa Andreotti）、杜格爾德．海因（Dougald Hine），以及塔雷克．奧布魯（Tareq Oubrou）有生產力的投入。你們都教會了我讓這次的失敗比上次更好。

我要向一起從酗酒中復原的所有朋友們表達我永恆的感激之情，我有幸與他們一起踏上一條超越我最瘋狂夢想的道路，一次又一次。

最後，我想大聲感謝普魯佛洛克咖啡廳（Prufrock Coffee）的伊維莉娜（Ewelina）、山姆（Sam）、瑞恩（Rein）、米爾基（Milky）和艾力克斯（Alex）；望遠鏡（Telescope）咖啡廳的尼古拉斯（Nicolas）；水滴咖啡（Drop Coffee）的喬翰娜（Johanna）及其團隊：賈科莫（Giacomo）、萊婭（Leia）、卡塔琳娜（Catarina）、亞曼達（Amanda）、羅賓（Robin）、麥特（Matt）、吉恩（Jean）、麗薩斯（Lisas）、費利佩（Felipe）、維若妮卡（Veronica）、西佛特（Sivert），當然還有莫（Mo）；約翰和奈斯特羅姆咖啡廳（Johan & Nyström）的謝爾蓋（Sergei）、大衛（David）、卡蒂亞（Katya）、馬庫斯（Markus）、文森（Vincent）和喬納森（Jonathan）；佩內拉（Pernera）的戈澤（Gödze）和尼可斯（Nikos）；博尼約的瓶子餐廳（Le Tinel）的尼古拉斯（Nicholas）；提娜（Tina）和她在達拉羅麵包店（Dalarö Bageri）的團隊；哈米（Hami）和羅賓（Robin）在索德（Söder）的有機餐廳（Organico）；位於艾克斯的瑪娜咖啡（Mana Coffee）的班（Ben）；桑巴咖啡（Samba Coffee）的克里斯托斯（Christos）和柯斯塔斯（Kostas）以及位於雅典的阿娜娜咖啡廳（Anana）的克里斯托斯（Christos）；哥本哈根的民主咖啡（Democratic Coffee）的信明（Nobuaki）和奧利佛（Oliver）。還要感謝艾德·安德森·布朗（Ed Anderson Brown）

和妮娜・迪米特里烏（Nena Dimitriou）。

最後但同樣重要的是，我想表達我對親愛的塔（Ta）、伊利－芭娜娜（Izzy-Banana）和史托米（Stormie）的愛和感謝。

參考書目

The Holy Bible. Hendrickson (2003).

The I Ching or Book of Changes. Translated by Richard Wilhelm. Princeton University Press (1967).

The Quran. Translated by M. J. Gohari. Quran Institute (2007).

The Talmud. Translated by Joseph Barclay. John Murray (1878).

AA World Services, *Alcoholics Anonymous*. New York

Akomolafe, B. 'I, Coronavirus. Mother. Monster. Activist'. Bayoakomolafe.net (April 2020).

Akomolafe, B. *These Wilds Beyond Our Fences: Letters to My Daughter on Humanity's Search for Home*. North Atlantic Books (2017).

Anderson, B. *Imagined Communities: Reflections on the Origin and Spread of Nationalism*. Verso (1983).

Carrère, E. *Limonov*. Translated by John Lambert. Penguin (2014).

Cayley, D. *Ivan Illich in Conversation*. House of Anansi Press (1992).

Cayley, D. *The Rivers North of the Future: The Testament of Ivan Illich*. House of Anansi Press (2005).

Céline, L-F. *Journey to the End of the Night*. Translated by Ralph Manheim and Angela Cismas. New Directions (2006).

Chatterton Williams, T. *Losing My Cool: How a Father's Love and 15,000 Books Beat Hip-Hop Culture*. Penguin Press (2010).

Chatterton Williams, T. 'The Next Great Migration'. *The New York Times* (27 February 2015).

Chomsky, N. *Who Rules the World?* Penguin (2016).

Clemens, M., and Postel, H. *Deterring Emigration with Foreign Aid: An Overview of Evidence from Low-Income Countries. Population and Development Review 44.* Wiley-Blackwell (2018).

Cox, S. *Any Way You Slice It: The Past, Present, and Future of Rationing*. The New Press (2013).

Cox, S. *The Green New Deal and Beyond: Ending the Climate Emergency While We Still Can*. City Lights (2020).

Cregan-Reid, V. *Primate Change: How the World We Made is Remaking Us*. Cassell (2018).

Davis, M. *Late Victorian Holocausts: El Nino Famines and the Making of the Third World*. Verso (2001).

Debord, G. *The Society of the Spectacle*. Black and Red (1970).

Dostoevsky, F. *The Idiot*. Translated by Alan Myers. Oxford University Press (1992).

Durkheim, E. *Suicide: A Study in Sociology*. Translated by John A. Spaulding and George Simpson. Routledge & Kegan Paul (1952).

Durkheim, E. *The Division of Labour in Society*. Translated by W. D. Halls. Free Press (1997).

Eisenstein, C. *Climate: A New Story*. Berkeley, California: North Atlantic Books (2018).

Eisenstein, C. 'From QAnon's Dark Mirror, Hope.'Charleseisenstein.org (December 2020).

Elwood, J., Andreotti, V., and Stein, S. *Towards Braiding*. Musagetes (2019).

Esteva, G., Babones, S., and Babcicky, P. *The Future of Development: A Radical Manifesto*. Policy Press (2013).

Freud, S. *Civilization and its Discontents*. Translated by James Strachey. Penguin (2004).

Friedman, S. *The Glass Ceiling: Why It Pays To Be Privileged*. Policy Press (2019).

Furet, F. *The Passing of an Illusion: The Idea of Communism in the Twentieth Century*. Translated by Deborah Furet. University of Chicago Press (1999).

Gogol, N. V. *Revizor (The Government Inspector).* Translated by William Harrison. Blackwell (1984).

Graeber, D. *Bullshit Jobs: A Theory.* Penguin (2018).

Graeber, D. *Debt: The First 5000 Years.* Melville House (2012).

Graeber, D. *The Utopia of Rules: On Technology, Stupidity, and the Joys of Bureaucracy.* Melville House (2016).

Gramsci, A. *Prison Notebooks*. Lawrence and Wishart (1973).

Gros, F. *A Philosophy of Walking.* Translated by John Howe. Verso (2014).

Hayek, F. von. *The Road to Serfdom*. Routledge & Kegan Paul (1962).

Hedges, C. *America: The Farewell Tour.* Simon & Schuster (2019).

Hedges, C., Sacco, J., and Peters, J. *Days of Destruction, Days of Revolt.* Bold Type Books (2014).

Hedges, C. *Death of the Liberal Class.* Nation Books (2010).

Herodotus. *The Histories.* Translated by Aubrey de Selincourt. Penguin Classics (1999).

Herman, E. S., and Chomsky, N. *Manufacturing Consent: The Political Economy of Mass Media.* Pantheon Books (1988).

Herzen, A. *Letters from France and Italy (1847–1851)*. Translated by Judith E. Zimmerman.

University of Pittsburgh Press (1995).

Herzen, A. *My Past and Thoughts.* Translated by Constance Garnett. Chatto & Windus (1924).

Hine, D., and Kingsnorth, P. *Uncivilization: The Dark Mountain Manifesto*. Dark Mountain Project (2009).

Homer. *The Odyssey.* Translated by E. V. Rieu. Penguin Classics (2003).

Huntington, S. P. *Dead Souls: The Denationalization of the American Elite. The National Interest 75* (2004).

Illich, I. *Deschooling Society*. Penguin Education (1973).

Illich, I. *Energy and Equity*. Marion Boyars (1974).

Illich, I. *Tools for Conviviality*. Calder and Boyars (1973).

Irrigaray, L. *This Sex Which Is Not One*. Translated by Catherine Porter and Carolyn Burke. Cornell University Press (1985).

Jackson, W. *Becoming Native to this Place*. Counterpoint (1996).

Jackson, W. *Consulting the Genius of the Place: An Ecological Approach to a New Agriculture.* Counterpoint (2010).

Jackson, W. *Nature as Measure.* Counterpoint (2011).

Jain, M. *The Parrot's Training (Retold)*. Banyan Tree (2016).

Jaspers, K. *The Origin and Goal of History.* Yale University Press (1968).

Jensen, R. *We Are All Apocalyptic Now: On the Responsibilities of Teaching, Preaching, Reporting, Writing, and Speaking Out.* Robert Jensen & MonkeyWrench Books (2013).

Jung, C. G. *Synchronicity: An Acausal Connecting Principle.* Translated by R. F. C Hull. Routledge & Kegan Paul (1972).

Jung, C. G. *Modern Man in Search of a Soul.* Translated by W. S. Dell. Martino Fine Books (2017).

Kapus´cin´ski, R. *Encountering the Other: The Challenge for the Twenty-First Century*. *New Perspectives Quarterly* (June 2005).

Kapus´cin´ski, R. *Travels with Herodotus*. Translated by Klara Glowczewska. Albert A. Knopf (2007).

Karinthy, F. *Metropole (Epepe).* Translated by George Szirtes. Telegram (2008).

Kauffmann, S. *Reinventing the Sacred: A New View of Science, Reason and Religion*. Basic (2008).

Kierkegaard, S. *Fear and Trembling.* Translated by Edna H. Hong. Princeton University Press (1983).

Krall, L. *The Economic Legacy of the Holocene. The Ecological Citizen 2* (2018).

Kumar, S. *Earth Pilgrim.* Green Books (2009).

Kumar, S. *No Destination.* Green Books (1992).

Kundera, M. *Immortality*. Translated by Peter Kussi. Faber & Faber (1998).

Kundera, M. *The Unbearable Lightness of Being*. Translated by Michael Henry Heim. Harper Perennial (2009).

Kunstler, J. H. *The Long Emergency: Surviving the Converging Catastrophes of the Twenty-First Century.* Atlantic (2005).

Lancon, P. *Le Lambeau.* Gallimard (2018).

Latour, B. *Ou Atterrir? Comment s'orienter en politique*. La Decouverte (2017).

Lee, R. and Mason, A. *Population Aging and the Generational Economy: A Global Perspective.* Cheltenham (2011).

London, J. *The Call of the Wild*. Penguin Classics (2018).

Maimonides, M. *The Guide for the Perplexed.* Translated by Michael Friedlander. Mineola, Dover Publications (1956).

Mann, T. *The Magic Mountain*. Translated by John E. Woods. Vintage (1996).

Marcuse, H. *Eros and Civilisation*. Abacus (1972).

Marcuse, H. *One-Dimensional Man: Studies in the Ideology of Advanced Industrial Society*. Routledge (1991).

Marquez, G. G. *Love in the Time of Cholera*. Spark Publishing (2014).

McIntosh, A. *Hell and High Water: Climate Change, Hope and the Human Condition*. Birlinn (2008).

McIntosh, A. *Riders on the Storm: The Climate Crisis and the Survival of Being*. Birlinn (2020).

Meadows, D. H., Meadows, D. L., Randers, J. and W. W. Behrens III. *The Limits to Growth*. Potomac Associates (1972).

Meddeb, A. *Islam and Its Discontents*. Translated by Pierre Joris and Ann Reid. William Heinemann (2003).

Mignolo, W. D. *Racism and Coloniality: The Invention of 'HUMAN(ITY)' and the Three Pillars of the Colonial Matrix of Power (Racism, Sexism, and Nature). The Routledge Companions to the Philosophy of Race*. Routledge (2017).

Mignolo, W. D. *Decolonial Reflections on Hemispheric Partitions. The'Western Hemisphere' in the Colonial Horizon of Modernity and the Irreversible Historical Shift to the'Eastern Hemisphere' (Forthcoming). Companion to Inter-American Studies*. International Association of American Studies (2016).

Mitchell, T. *Colonising Egypt*. University of California Press (1991).

Monbiot, G. *Heat.* Penguin (2007).

Monbiot, G. *Out of the Wreckage.* Verso (2017).

Montaigne, M. de. *The Journal of Montaigne's Travels in Italy: In Italy by Way of Switzerland and Germany.* Translated by William George Waters. BiblioLife (2009).

Morozov, E. *To Save Everything, Click Here: Technology, Solutionism and the Urge to Fix Problems That Don't Exist.* Allen Lane (2013).

Morozov, E. *The Net Delusion: How Not to Liberate the World.* Penguin (2011).

Murakami, H. *1Q84.* Translated by Jay Rubin and Philip Gabriel. Harvill Secker (2012).

Murakami, H. *Kafka on the Shore.* Translated by Philip Gabriel. Alfred A. Knopf (2005).

Murakami, H. *Norwegian Wood.* Translated by Jay Rubin. Vintage (2001).

Murakami, H. *The Wind-Up Bird Chronicle.* Translated by Jay Rubin. Vintage Digital (2011).

Nha't Ha·nh, T. *Teachings on Love*. Element (2003).

Nietzsche, F. *Beyond Good and Evil.* Translated by R. J. Hollingdale. Penguin Classics (2003).

Nolte, E. *La Guerre Civile Europeenne: National-Socialisme et Bolchevisme 1914–1945.* Perrin (2011).

Orwell, G. *Animal Farm*. Penguin (2008).

Panikkar, R. *The Rhythm of Being: The Gifford Lectures*. Orbis Books (2013).

Pauly, D. *Anecdotes and the Shifting Baseline Syndrome of Fisheries. Trends in Ecology and Evolution 10*. Cell Press (1995).

Piketty, T. *Capital and Ideology.* Translated by Arthur Goldhammer. Harvard University Press (2020).

Polakow-Suransky, S. *Go Back to Where You Came From: The Backlash Against Immigration and the Fate of Western Democracy*. Hurst Publishers (2017).

Rabelais, F. *Gargantua and Pantagruel*. Translated by M. A. Screech. Penguin (2006).

Reiss, T. *The Orientalist: In Search of a Man Caught Between East and West.* Arrow (2006).

Renee Taylor, S. *The Body Is Not An Apology: The Power of Radical Self-Love*. Berrett-Koehler (2018).

Revel, J-F. *Histoire de la Philosophie Occidentale.* Agora (2003).

Revel, J-F. *How Democracies Perish.* Translated by William Byron. Doubleday (1984).

Revel, J-F. *Les Plats de Saison: Journal de l'Annee 2000.* Plon (2001).

Revel, J-F. *The Totalitarian Temptation.* Translated by David Hapgood. Secker & Warburg (1977).

Rodney, W. *How Europe Underdeveloped Africa*. Howard University Press (1981).

Rischard, J. F. *High Noon: 20 Global Problems, 20 Years to Solve Them*. Perseus (2002).

Sacco, J. *Palestine*. Jonathan Cape (2003).

Said, E. *Orientalism*. Penguin (1985).

Said, E. *Out of Place: A Memoir*. Granta (1999).

Sarr, F. *Afrotopia*. Translated by Drew S. Burk. University of Minnesota Press (2020).

Sattouf, R. *The Arab of the Future: A Graphic Memoir*. Two Roads (2016).

Scott, J. C. *Against the Grain: A Deep History of the Earliest States*. Yale University Press (2017).

Seed, J., Macy, J., Fleming, P., and Naess, A. *Thinking Like A Mountain: Towards a Council of All Beings*. New Catalyst Books (2007).

Shaw, M. *Courting the Wild Twin*. Chelsea Green (2020).

Shaw, M. *Scatterlings: Getting Claimed in the Age of Amnesia*. White Cloud Press (2016).

Shaw, M. *Smoke Hole: Looking to the Wild in the Time of the Spyglass*. Chelsea Green (2021).

Sheller, M. *Mobility Justice: The Politics of Movement in an Age of Extremes*. Verso (2018).

Singer, I. B. *The Magician of Lublin*. Translated by Elaine Gottlieb and Joseph Singer. Secker & Warburg (1961).

Stein, G. *The Autobiography of Alice B. Toklas*. Penguin (2001).

Stein, S., Hunt, D., Suša, R., and de Oliveira Andreotti, V. *The Educational Challenge of Unraveling the Fantasies of Ontological Security. Diaspora, Indigenous, and Minority Education 11*. Taylor & Francis (2017).

Tagore, R. *The Home and the World.* Translated by Surendranath Tagore. Penguin Classics (2005).

Thoreau, H. D. *Walking.* Tilbury House Publishers (2017).

Vargas Llosa, M. *Notes on the Death of Culture: Essays on Spectacle and Society.* Faber & Faber (2015).

Vargas Llosa, M. *The War of the End of the World.* Faber & Faber (2012).

Vitek, B. and Jackson, W. *The Virtues of Ignorance: Complexity, Sustainability, and the Limits of Knowledge.* University Press of Kentucky (2008).

Vitek, B. *God or Nature: Desire and the Quest for Unity. Minding Nature 4.* Center For Humans & Nature (2011).

Wells, S. *The Journey of Man: A Genetic Odyssey*. Penguin (2003).

Wells, S. *Pandora's Seed: The Unforeseen Cost of Civilization*. Random House (2013).

Wolf, E. *Europe and the People Without History*. University of California Press (2010).

Yunkaporta, T. *Sand Talk: How Indigenous Thinking Can Save the World.* HarperOne (2020).

Zizek, S. *A Left that Dares to Speak its Name: 34 Untimely Interventions*. Polity (2020).

Zizek, S. *First as a Tragedy, Then as a Farce*. Verso (2009).

Zizek, S. *Living in the End Times*. Verso (2011).

Zizek, S. *Violence: Six Sideways Reflections*. Picador (2008).

Zorn, F. *Mars*. Translated by Robert Kimer and Rita Kimer. Picador (1982).

Zweig, S. *The World of Yesterday*. Translated by Anthea Bell. Pushkin Press (2009).

next 307

新游牧者之歌：遷移革命如何讓世界變得更美好

The New Nomads: How the Migration Revolution is Making the World a Better Place

作者　菲利克斯・馬夸特（Felix Marquardt）
譯者　張毓如
主編　王育涵
責任編輯　王育涵
責任企畫　郭靜羽
美術設計　廖韡
內頁排版　張靜怡
總編輯　胡金倫
董事長　趙政岷
出版者　時報文化出版企業股份有限公司
108019 臺北市和平西路三段 240 號 7 樓
發行專線｜ 02-2306-6842
讀者服務專線｜ 0800-231-705 ｜ 02-2304-7103
讀者服務傳真｜ 02-2302-7844
郵撥｜ 1934-4724 時報文化出版公司
信箱｜ 10899 臺北華江橋郵局第 99 號信箱
時報悅讀網　www.readingtimes.com.tw
人文科學線臉書　http://www.facebook.com/humanities.science
法律顧問　理律法律事務所｜陳長文律師、李念祖律師
印刷　勁達印刷有限公司
初版一刷　2022 年 9 月 2 日
定價　新臺幣 400 元

ISBN 978-626-335-794-5 ｜ Printed in Taiwan

新游牧者之歌：遷移革命如何讓世界變得更美好／菲利克斯・馬夸特（Felix Marquardt）著；張毓如譯 .
-- 初版 . -- 臺北市：時報文化出版企業股份有限公司，2022.09 ｜ 288 面；14.8×21 公分 .
譯自：The New Nomads: How the Migration Revolution is Making the World a Better Place
ISBN 978-626-335-794-5（平裝）｜ 1. CST：移民　2. CST：游牧民族｜ 577.6 ｜ 111012512

時報文化出版公司成立於一九七五年，並於一九九九年股票上櫃公開發行，於二〇〇八年脫離中時集團非屬旺中，以「尊重智慧與創意的文化事業」為信念。